आँसुओं का तर्जुमा

(ग़ज़ल-संग्रह)

इरशाद ख़ान 'सिकन्दर'

ISBN : 9789389373127

प्रथम राजपाल संस्करण : 2020

© इरशाद ख़ान 'सिकन्दर'

AANSUON KA TARJUMA (Poetry)

by Irshad Khan Sikandar

राजपाल एण्ड सन्ज़

1590, मदरसा रोड, कश्मीरी गेट, दिल्ली-110006

फोन : 011-23869812, 23865483, 23867791

website : www.rajpalpublishing.com

e-mail : sales@rajpalpublishing.com

www.facebook.com/rajpalandsons

मिट्टी ही कूज़ागर हो गयी

—फ़रहत एहसास

इरशाद अब से कोई चौदह-पंद्रह साल उधर मेरे पास आये थे। शायरी की एक बयाज़ के साथ। देखा तो एक दुबला-पतला नौजवान, एक दबे-सहमे जिस्म और एक बिल्कुल आम सी ग़ैर-नुमायां शक्ल के साथ सामने था। हाँ, उसकी आँखों में कुछ ऐसा था जो ये कहने की कोशिश कर रहा था कि ये पूरी तरह नज़रअंदाज़ कर दिये जा सकने वाले जिस्म और चेहरे वाला शख़्स, ऐसा नहीं कि कुछ है ही, कहीं भी, कि इस जिस्म के अंदर कहीं कुछ है जहाँ इस शख़्स का अपने अंदर कोई पता ठिकाना हो सकता है, शायद घर भी और वो सब भी जो किसी घर में होता या हो सकता है। बयाज़ देखी तो कुछ शे'र थे, टूटे-फूटे, कुछ कहने की बिखरी-बिखरी कोशिशों की तरह, जैसे हर मुब्तदी[1] के होते हैं।

मैं कभी शागिर्द-साज़ी के चक्कर में नहीं पड़ा। एक तो इसलिए कि मैं कोई उस्ताद नहीं हूँ, दूसरे ये कि किसी शागिर्द का होना हर लम्हा ये बताता रहता है कि आप उस्ताद हो गये हैं और ये एक ख़तरनाक बात है। लेकिन शायरी का सफ़र शुरू करने वाले किसी भी शख़्स के साथ तआवुन[2] ज़रूर करता हूँ कि इसमें ख़ुद अपनी तालीम का पहलू भी होता है। सो इरशाद आते रहे और अश्आर की कतर-ब्यौंत और जोड़-घटाव का सिलसिला जारी रहा यहाँ तक कि बहुत जल्द उन्हें बहरों और औज़ान[3] पर क़ाबू आ गया, और लफ़्ज़ो-मआनी और बयान के दरमियान जो ख़ांचे रह जाते थे, कुछ पुर होने लगे। तो अब मेरा काम ख़त्म हो चुका था कि अब परिंदा अपना दाना चुनने और फिर परवाज़ के लिये तैयार था। फिर हमारी मुलाक़ातें कम हो गयीं, और फिर न होने के बराबर हो गयीं।

---

1. शुरू करने वाला 2. सहायता 3. छन्द विधान

अब चूँकि मैं ख़ुद भी गुमशुदा सा हूँ, कि बहुत-बहुत दिन बाद कभी अपनी ख़ैर-ख़बर मिल पाती है, तो इसके बाद कुछ ख़बर नहीं रही कि ये इरशाद नाम का नौजवान गया कहाँ। मुझे याद था कि वो इस शहर में आया है तो चील के घोंसले में मांस ढूँढने के लिये यानी कुछ करने या शायद कुछ होने के लिये। एक शहरे-नापुर्साँ[4] और एक तन्हा, बेयारो-मददगार आदमी। मुझे ये भी याद था कि उसकी ज़िंदगी एक तकलीफ़-देह सानिहे से गुज़र चुकी है। जिसने उसे बहुत अन्दर तक चटख़ा दिया है। तो शहर और आदमी के बीच कशमकश की एक और कहानी कहीं जारी थी। लेकिन चूँकि इस दौरान इरशाद के नाम के साथ ख़ुदकुशी की कोई ख़बर सुनने या पढ़ने में नहीं आयी, सो इत्मीनान रहा कि कहानी चल रही है।

अब इतने दिन बाद इरशाद की नयी बयाज़े-शे'र सामने है तो वो कह रही है कि इस दुबले-पतले, डरे-सहमे जिस्म और ग़ैर-नुमायां शक्ल के पर्दे में एक ज़बरदस्त जान मौजूद थी, जिसे इस शख़्स ने आग बनाया और फिर अपने अन्दर उसका अपना जितना सरमाया था—मिट्टी, पानी, ख़ून, ग़ुस्सा, आँसू, ज़िंदा रहने की ज़िद, हौसला और...बहुत कुछ और भी—इस आग में झोंक दिया। उसकी आग ने इस सारे सामान को पिघला कर अन्दर ही अन्दर एक चेहरा ढालना शुरू किया और इरशाद के लफ़्ज़ों ने, जिन्हें उसने हर हाल में ज़िंदा रखा था, इस चेहरे को शायरी की कोशिश में तब्दील कर दिया। शायरी की इस कोशिश में, इरशाद से बिछड़ी हुई उसकी मुहब्बत ने एक मौसीक़ी दाख़िल कर दी। सो अब इस अन्दर की धुन पर वजूद का चाक चल रहा है और उस पर रखी ज़िंदगी की मिट्टी शायरी की शक्लें ढाल रही है।

अब बात जहाँ आ पहुँची है, वो एक बेहद ख़तरनाक और बेइंतिहा नाज़ुक मोड़ है, वो मोड़ जहाँ ज़िंदगी और शायरी एक दूसरे में आमदो-रफ़्त के बावजूद, एक दूसरे का हाथ छोड़ने का फ़ैसला करती है, एक-दूसरे को उनकी अस्ल जगह और ज़मीन पर रखने और एक-दूसरे का चेहरा महफ़ूज़ रखने के लिये। क्योंकि आदमी के मुकम्मल होने के लिये इन दोनों आइनों का अलग-अलग होना ज़ुरूरी है, एक दूसरे में अपने अक्स डालते रहने के बावजूद। यह बात और तफ़्सील चाहती है, लेकिन चूँकि सरे-दस्त तफ़्सील की मुहलत नहीं,

---

4. बेपरवाह शहर

इसलिए आइये सीधे इरशाद की शायरी की तरफ़ चलते हैं।

इस शायरी के दो महवर[5] साफ़ नज़र आते हैं। एक ज़िंदगी का मैदाने-जंग और दूसरा इश्क़ और हिज्र। इन दोनों के बीच भी बहुत कुछ है, मगर वो भी इन्हीं दोनों के ही मज़ाफ़ात[6] के मंज़र हैं। ज़िंदगी के मैदाने-जंग में, इस शायरी के रावी या शेरी किरदार का सब कुछ दांव पर लगा हुआ है। जैसा कि पहले कहा गया, इस शेरी किरदार के पास अपने जिस्म और जान और अपने लफ़्ज़ों के सिवा और कोई हथियार नहीं। ये जंग एक ग़ैर-मसावी[7] यानी ऐसी जंग है जहाँ बाहर की दुनिया की फ़ौज बहुत बड़ी है और शेरी किरदार सिर्फ़ एक तन्हा सिपाही है। ऐसे में उसे अक्सर मायूसी घेरती है। लेकिन उसके अन्दर डेरा जमाये हुए ज़िंदा रहने और हर हाल में होने की ज़िद उससे ये कहलवाती है कि—

मसाइल हल न होंगे ख़ुदकुशी से

उलझना ही पड़ेगा ज़िंदगी से

ये एक सीधा बयान है, साहिर लुधियानवी की तरह, जहाँ ज़िंदगी के जब्र से अपनी जान बाहर खींच लाने का हौसला सामने की लफ़्ज़ी मंतिक़ के सहारे लफ़्ज़ों में ज़ाहिर हो गया है। लेकिन इसी तजरुबे की एक और शक्ल देखिये जहाँ यही हौसला शायरी के आईने में बहुत ज़ियादा फैल कर सामने आ रहा है।

जिस्म दरिया का थरथराया है

हमने पानी से सर उठाया है

यहाँ ज़िंदा रहने और होने की ज़िद जो ज़िंदगी के आईने से आग की सूरत है शायरी के आईने में रौशनी की सूरत मुन्तक़िल हो गयी है। अब देखिये कि ये दरिया और उसके जिस्म का थरथराना कैसे नये मआनी हासिल कर रहा है और पानी से सर उठाने के लफ़्ज़ों से मआनी की कैसी सरअफ़राज़ी[8] हो रही है।

ज़िंदा रहने और होने की ज़िद की इससे भी तरक़्क़ी-याफ़्ता शक्ल देखनी हो तो ये शे'र देखिये—

यूं हुआ फिर करिश्मा हुआ

मिट्टी ख़ुद कूज़ागर हो गयी

मुझको मिट्टी में बोया गया

मेरी मिट्टी शजर हो गयी

---

5. केन्द्र 6. आस-पास 7. असमानता 8. उच्च कोटि

इन शे'रों पर यहाँ सिर्फ़ इतना ही तब्सिरा किया जा सकता है कि ये मिट्टी, जिस्म और जान की ज़मीन में सच्ची क़ूव्वते-नुमू॰ और तख़्लीक़ियत[10] के फूल खिलने की छड़ी है, जब माद्दा ख़ुद तख़्लीक़-कार[11] बन जाता है, जो सिर्फ़ शायरी और उसके हवाले से फ़न की दूसरी शक्लों में ही मुमकिन है, कि अब ज़िंदगी का आईना, शायरी के आईने के हक़ में दस्तबरदार हो गया है और उससे ही अपनी तस्दीक़ चाहता है।

इश्क़, इस शायरी के मुतकल्लिम के जिस्मानी तौर पर ज़िंदा और बाक़ी और बरक़रार रहने का जवाज़ तो है ही, अपने अन्दर क़ायम रहने की बुनियाद भी है। ये सब इसके बावजूद है कि यही इश्क़ इस शेरी किदरार के बेबुनियाद हो जाने का सबब भी है। इश्क़ ने इस शायरी में बहुत से काम किये हैं। आग भी लगायी है और पानी का इंतिज़ाम भी किया है। शदीद उदासी और मायूसी दी है तो अन्दर ही अन्दर अचानक कहीं चमक उठने का बंदोबस्त भी किया है। गहरी ख़ामोशी दी है तो लफ़्ज़ों को बोलने का हुनर भी सिखाया है। वहशत दी है तो तहज़ीबे-नफ़्स[12] की तालीम भी दी है और सबसे बढ़कर ये कि वो दुख दिया है जो दुनिया का सबसे बड़ा मुअल्लिम[13] जो ज्ञान देता है और आदमी को इस्बात और नफ़्री,[14] ख़ुशी और ग़म की कशाकश[15] से ऊपर उठा देता है।

दिलो-नज़र में तिरे रूप को बसाता हुआ
तिरी गली से गुज़रता हूँ जगमगाता हुआ

बज़ाहिर दिख रहा हूँ तन्हा-तन्हा
किसी के साथ हूँ बिछड़ा हुआ मैं

वहाँ पर ज़िंदगी ही ज़िंदगी थी
उसी कूचे में मरना चाहिए था

तेरे इश्क़ में कोहे-ग़म सर पे लिया जो हो सो हो
सबने कहा मर जाओगे हमने कहा जो हो सो हो

रिश्ता बहाल काश फिर उसकी गली से हो
जी चाहता है इश्क़ दुबारा उसी से हो

---

9. पैदावार 10. रचनात्मकता 11. रचनाकार 12. चरित्र 13. विद्वान 14. तर्क-वितर्क 15. खींचतान

ग़म को हैरत-ज़दा किया हमने
शाम के वक़्त मुस्कुराये हम

रात गुज़रे तो स.फ़र पर निकलें
मुझमें सोये हैं मुसाफ़िर मेरे

जुनूं के आगे सभी रस्में सर झुकाती हुई
गली में इश्क़ की रुकने का चारा होता हुआ

चमक आँखों में क्योंकर बढ़ गयी है
अधूरा ख़्वाब पूरा हो गया क्या

मैं चराग़ से जला चराग़ हूं
रौशनी है पेशा ख़ानदान का

इक उदासी थी, रात थी, हम थे
और फिर हाजते-ख़ुशी न रही

ये ज़िंदगी के सच्चे, खरे तजरुबे के पाँव पर खड़े शे'र हैं, जिन्हें जमाल-परस्ती[16] और मावराइयत[17] की कोई बैसाखी दरकार नहीं, कि यहाँ ज़िंदगी और शायरी दोनों के आईने एक साथ, एक दूसरे में, एक दूसरे की मदद से रौशन हैं।

इरशाद की इन ग़ज़लों में अच्छे शे'रों की ता'दाद इतनी है कि उसे हमारी ग़ज़ल की शायरी के एक और रौशन, तवाना[18] और नुमू पज़ीर[19] नुमाइंदे की हैसियत से तस्लीम करने में कम अज़ कम मुझे कोई तकल्लुफ़ नहीं है। इरशाद सिकन्दर ने बिला-शुब्ह वो ज़मीन हासिल कर ली है कि अगर उसने अपने लफ़्ज़ों, जज़्बों और दुख को मरने नहीं दिया तो उसकी तख़्लीकियत का ये चश्मा[20] तादेर[21] जारी रहेगा। शर्त सिर्फ़ ये है कि वो अपने आपको पहली ही मंज़िल पर उस्ताद न समझने लगे, और ग़ज़ल की अज़ीम रवायत के सामने अदब से बैठने और ख़ुद को ताउम्र तालिबे-इल्म[22] समझने से आर न आये[23]।

---

16. सौन्दर्यप्रियता 17. अतिरेक 18. ताक़तवर 19. उर्वरक 20. जलस्रोत 21. लम्बे समय तक 22. विद्यार्थी 23. लज्जित न हो

सादगी के शिल्प में रची ग़ज़लें

— ज्ञान प्रकाश विवेक

इरशाद ख़ान सिकन्दर की ग़ज़लें बौद्धिकता के बीहड़ के विपरीत सादगी के रास्तों से होकर आती हैं। वो कहते भी हैं—

थे हद से ज़ियादा ही वहां आलिमो-फ़ाज़िल
अच्छा है कि उस बज़्म में शामिल न हुआ मैं

यह सादगी शे'र कहने का महज़ माध्यम नहीं बल्कि एक ऐसी ताक़तवर शैली है जिसके ज़रिये सिकन्दर बड़ी सहजता से बड़ी बात कह जाते हैं। इसी सादगी के ज़रिये सिकन्दर, क्लिष्ट और दुरूह शब्दों को नकारते हुए, ऐसी शब्दावली का चयन करते हैं जो हमारे जीवन में उपस्थित रहती है। बेजुबान शब्द जब उनकी ग़ज़लों में आते हैं तो वो बोलते हुए प्रतीत होते हैं। यह शब्दों का बोलना, दरहक़ीक़त उस कथ्य का भी मुखर होना होता है जो शब्दों के तलघर में, बेचैनी की सूरत में मौजूद होता है, यथा—

महफ़िल की शक्ल आपने देखी है उस घड़ी
दानां की बात जब कोई नादान काट दे

तथा

अबके चराग़ों ने चौंकाया दुनिया को
आंधी आख़िर में झुंझलाकर बैठ गयी

तथा

मिरे जुनूं से हरीफ़ों के पांव उखड़ते हुए
मैं जान देने के चक्कर में जां बचाता हुआ

उपरोक्त शे'र उदाहरण स्वरूप दिये गये हैं। इस बात की तस्दीक़ करते

हुए कि कवि जब सादगी को अपनी ग़ज़लों की शैली में ढालता है तो न सिर्फ़ कथ्य अपनी सघनता के साथ व्यक्त होता है बल्कि सादगी, ख़ुद, किसी गूंज की तरह अश्आर में मौजूद रहती है।

सिकन्दर की ग़ज़लों में यह (सादगी की) गूंज हमें निरंतर महसूस होती है।

इन ग़ज़लों में बड़बोलेपन का कोई स्थान नहीं। विनम्रता इन ग़ज़लों को ऐसे संस्कार में रचती है कि दो मिसरे कोई शोर नहीं मचाते। यहाँ अर्थ का होना ध्वनियों में होता है। शायरी का अगर दूसरा नाम तहज़ीब है तो उसे यहाँ महसूस किया जा सकता है।

सिकन्दर 'साधारण' जैसे तत्व से शे'र कहते हैं। यही साधारण तत्व शब्दावली से लेकर शे'र की संरचना तक मौजूद रहता है और यही साधारण तत्व, असाधारण अनुभूति का कारक बनता है।

स्मृतियाँ यहाँ अधबुझे अंगारों की तरह हैं जिनकी आंच, प्राय: हर ग़ज़ल के किसी-न-किसी शे'र में महसूस की जा सकती है। तलाश और स्मृतियाँ जैसे तत्व हर बड़े शायर की शायरी में हाहाकार मचाते रहे हैं। बेचैनी यहीं से पैदा होती है, व्याकुलता भी यहीं से और तजरुबा भी यहीं से।

इश्क़ इन ग़ज़लों में हद दर्जे के साथ उपस्थित है। प्रेम और स्मृतियाँ- इनके होने (या न होने) से प्रश्नाकुल स्थितियाँ उत्पन्न होती हैं—

इक उदासी है ख़ला चाहती है

जैसी अभिव्यक्ति होती है और द्वंद्व भी यहीं से आकार लेता है—

गर तिरी याद ही चराग़ां है
तो ग़नीमत है ऐसी आंधी में

इरशाद ख़ान 'सिकन्दर' की ग़ज़लों में इश्क़ ने काफ़ी स्पेस अर्जित किया है। उर्दू शायरी में इश्क़ पर सैकड़ों शे'र कहे जा चुके हैं। इरशाद ख़ान 'सिकन्दर' ने भी अपनी तरह से प्रेम को अभिव्यक्ति दी है। वो ये भी जानते हैं कि नये समय की जटिलतायें, इश्क़ से हल नहीं होतीं। इश्क़ जीवन शिल्प की रचना करता है, बेशक। लेकिन

और भी दुख हैं ज़माने में मुहब्बत के सिवा

(फ़ैज़)

स्मृतियों का ठोस रूप बेशक न हो, लेकिन वो अपनी अदृश्य छवियों में, तमाम व्याकुल करती उदासियों के साथ मौजूद रहती हैं—जीवन भर। सिकन्दर के अश्आर में गुज़िश्ता वक़्तों की पद्चाप सुनायी देती है—

जानता हूँ लौटना मुमकिन नहीं तेरा मगर

आज भी उस रहगुज़र को देखता रहता हूँ मैं

किसी विशिष्ट रहगुज़र को देखते रहना—आख़िर इस 'देखने' में है क्या? इस देखने में वही बेचैनी है जो स्मृति से छनकर आती है।

एक और शे'र है। स्मृति के धुंधलके यहाँ भी हैं—

कारवां के लोग सारे गुमरही में खो गये

मैं अकेली जान लेकर तन्हा लश्कर हो गया

बिछुड़ने की वेदना यहाँ शिद्दत से महसूस की जा सकती है। गुमरही जैसा प्रतीक ग़ौरतलब है और जो शेष बचा है, वो अकेले 'मैं' का होना है। लेकिन यही अकेला पात्र लश्कर हो जाता है—यही साधारण से असाधारण की यात्रा है। कारवां के लोगों का गुम हो जाना—विगत का ऐसा संज्ञान लेना है जिसमें उदासियों का एक थरथराता कोना भी है।

सिकन्दर की ग़ज़लों में ऐसे अनेक अश्आर हैं जहाँ एक पाठ के भीतर, अंतर्पाठ भी है। मसलन—

फिर उसके बाद सोच कि बाक़ी बचेगा क्या

तू सिर्फ़ कृष्ण भक्ति से रसखान काट दे

शे'र में महज़ मिथकों का प्रयोग ही नहीं। वो तो है ही। मिथकीय प्रयोग गहरे जज़्बे से हुआ है। ये शे'र ऊपरी सतह पर संवेदनशील और आकर्षित करता शे'र है। लेकिन यह शे'र संकीर्ण दृष्टिकोण पर उँगली उठाता है और ऐसी संकीर्ण मानसिकता और सामाजिकता में ज़ुरूरी हस्तक्षेप पैदा करता है। यह शे'र इसलिए भी महत्त्वपूर्ण हो जाता है कि भारतीय संस्कृति की विराट विरासत को बड़ी सद्भावना से याद करता है।

सिकन्दर ने लम्बी ग़ज़लें लिखी हैं। कुछ छोटी गज़लें भी हैं। ग़ज़लों में उन्होंने वातावरण बनाने की भरपूर कोशिश की है।

उनकी ताज़ादम अनुभूतियाँ हलचल पैदा करती हैं—जहाँ नयेपन से शे'र कहने की बेचैनी है और कथ्य को ताज़गी के साथ प्रस्तुत करने की तड़प भी।

मसलन—

> *मालिक हरेक रात तिरे आसमान से*
> *जी चाहता है चांद उड़ा लूं, मगर नहीं*

यहाँ जो आख़िर में 'मगर नहीं' है—चमक वहाँ है और कशमकश भी वहाँ। साधारण बात को असाधारण रूप से व्यक्त करने के कौशल को ही तो अंदाज़े-बयां कहा जाता है। वो इस शे'र में है। 'मगर नहीं' में नकार नहीं। नेगेटिव अप्रोच भी नहीं। 'नहीं' से नेगेटिव भाव ध्वनित होता है। लेकिन यहाँ, चकित करने वाली बात यह है कि नहीं पॉज़ेटिव रूप में है—पूरी निष्ठा के साथ। यही पॉज़ेटिव प्रकृति से संबंध तोड़ने नहीं, जोड़ने का भी संदेश देता है।

कुछ और शे'र—

> *भीगा दिल का काग़ज़ भी*
> *एक तिहाई बारिश में*

> *कल तेरी तस्वीर मुकम्मल की मैंने*
> *फ़ौरन उस पर तितली आकर बैठ गयी*

> *पत्ता-पत्ता चुप्पी साधे बैठा है*
> *शायद इस रस्ते से आंधी निकलेगी*

> *दहलीज़ मेरे घर की अंधेरों से अट न जाये*
> *पागल हवा चराग़ से आकर लिपट न जाये*

बिम्ब और इमेजिस की रचना सिकन्दर के अश‌आर में बला की है। शे'र में ऐसी दृश्यात्मकता और बिम्बात्मकता है कि शे'र पढ़ते हुए, शे'र को देखा भी जा सकता है। उपरोक्त अश‌आर उदाहरण के तौर पर हैं। ऐसे अनेक शे'र हैं। जब वो कहते हैं—'पागल हवा चराग़ से आकर लिपट न जाये' तो हम इस विचार को बिलकुल नये ज़ाविये से परखते हैं। यहाँ चराग़ और हवा में अदावत नहीं, प्रेम है, जुनून है। यह मिसरा ऐसी सम्पूर्ण कविता है जिसे हम महसूस करते हैं और देखते भी हैं।

सिकन्दर चिरपरिचित शब्दों का प्रयोग करते हैं लेकिन ग़ज़लों में वो शब्द अपनी माक़ूल उपस्थिति के कारण विशिष्ट हो जाते हैं। शब्द, शब्द नहीं रहते

प्रतीक हो जाते हैं, कुछ मिसरे—

अपने मन के दहकते प्रश्नों को उनके उत्तर पे फेंक देता हूँ

—

अश्कों को एहतियात से बरता करो मियां

—

उसको ये दुख है अब कि उसे कोई दुख नहीं

—

कपड़ों की वज्ह से मुझे कमतर न आंकिये

तथा

जिस्म पहनकर चलता हूं
लेकिन क्या मैं ज़िंदा हूं

उन इलाक़ों में क्या रहा साहब
जिन इलाक़ों में शायरी न रही

सिकन्दर कहते हैं—अश्कों को एहतियात से बरता करो मियां ! अश्क ही नहीं, वो शब्दों को भी एहतियात से बरतते हैं, शब्दों के प्रयोग का यह सलीक़ा, शब्द की लय और अर्थ की लय पैदा करता है। उपरोक्त शे'र ही नहीं, मिसरे भी इस बात की पुष्टि करते हैं। यहाँ शब्द न खटकते हैं न अखरते हैं। बल्कि एक लय के साथ ध्वनित होते हैं।

सिकन्दर जब पूछते हैं—

उन इलाक़ों में क्या रहा साहब
जिन इलाक़ों में शायरी न रही

बतकही के अंदाज़ में व्यक्त यह शे'र, दरहक़ीक़त संवेदना के इलाक़ों की बात करता है। ज़ाहिर है, जहाँ शायरी (यानी जज़्बात, यानी संवेदना) नहीं है, वो इलाक़े अंकगणित में बदल जाते हैं या फिर निहायत असंवेदनशील ! लेकिन सवाल कितना मानीख़ेज है—'उन इलाक़ों में क्या रहा साहब ?'

लफ़्ज़ों को एहतियात से बरतना एक हुनर है। जब वो कहते हैं—'जी चाहता है चांद उड़ा लूं मगर नहीं', यह क़ाफ़िया और रदीफ़ का अनुपम प्रयोग है।

प्रश्नवाचकता निम्नलिखित शे'र में भी है। यहाँ रदीफ़ 'तो' जिस नेज़े उछालते सवाल के रूप में खड़ा है, शेरीयत वहाँ है और बेचैनी भी वहाँ। मुफ़्लिसी में जीना एक शिल्प है तो मेहमाननवाज़ी एक कला!

मिरे अल्लाह मैं तो ख़ुश हूँ लेकिन
कोई मेहमान घर में आ गया तो

ग़ौरतलब है कि इन ग़ज़लों का समाज वैसा नहीं है जैसा कि हिन्दी की ग़ज़लों में होता है। बेशक, सिकन्दर भी देवनागरी लिपि में ग़ज़लें लिखते हैं। लेकिन सिकन्दर की देवनागरी लिपि की ग़ज़लें होने के बावजूद, हिन्दी ग़ज़लों से भिन्न हैं। हिन्दी ग़ज़ल के विद्वान अगर उदारवादी दृष्टिकोण से परखें तो सिकन्दर की ये ग़ज़लें, हिन्दी ग़ज़ल का विस्तार प्रतीत होती हैं। यह भाषा, न उर्दू है न हिन्दी, बल्कि ऐसी हिन्दुस्तानी ज़बान है, जो हिन्दी उर्दू के बीच एक 'पुल' का काम करती है और नये समय में यही भाषा (हिन्दुस्तानी ज़बान) हमारे साहित्य की रचनात्मक भाषा होगी।

बहरहाल, सिकन्दर की सामाजिक सोच हिन्दी ग़ज़ल जैसी लाउड और करख्त नहीं। यहाँ समाज को देखने का और उससे संवाद स्थापित करने का नज़रिया संश्लिष्ट है। मिसाल के तौर पर यह शे'र—

अब मेरे सर पे सबको हँसाने का काम है
मैं चाहता हूँ काम ये संजीदगी से हो

दोनों मिसरों में तक़रार की सूरत है। विरोधाभास है जो जानबूझकर पैदा किया गया है। यही द्वंद्व है और यही द्वंद्व तनाव में परिवर्तित होता दिखायी देता है। हमारे क्रूर और बेहद मुश्किल समय में रोना आसान बेशक हो, हँसना या किसी को हँसाना बेहद कठिन कार्य है। लेकिन पात्र इस काम को भी संजीदगी से मुनक़्क़िद करना चाहता है। उर्दू ग़ज़ल का एक मिसरा हमारे निस्संग समय से छनकर आया है—'हँसने वाले तिरा पत्थर का कलेजा होगा।' लेकिन, पात्र हँसाने का काम संजीदगी से करना चाहता है। यानी, हँसाना एक 'काम' है। इसके बावजूद, 'मैं' पात्र इस काम को गंभीरता से करना चाहता है ताकि महौल की संजीदगी, ख़ुशख़याली में बदल जाये।

भावनाओं का आवेग सिकन्दर की इश्क़ केंद्रित ग़ज़लों में भी महसूस होता है। इन 'साफ़-सुथरी' ग़ज़लों में इन्टेंसिटी से मैनरिज़्म ज़ियादा है। कई

बार मेनरिज्म टूटता है, तो अद्भुत चमत्कारिक शे'र नुमायां होते हैं, जैसे कि—

उठाया क्या किसी ने एक दिन उसको हिक़ारत से
कभी फिर लौट के इस दर पे वो पागल नहीं आया

तथा

बुलंदियों से मिरा पांव इक ज़रा फिसला
तमाम रास्ते तय हो गये ढलानों के

दूसरे शे'र की बात करें। यह पूरी ग़ज़ल जिस ताप, संवेदना, फ़क्कड़पन और आत्मविश्वास के साथ व्यक्त होती है उसका आकर्षण तो है। यहाँ इस शे'र में शिखर पुरुष (मैं पात्र) के विचलन का अनुभव है। शिखर कभी घर नहीं होते कि वहाँ रहा जाये। शिखर से उतरना निश्चित होता है।

इस ग़ज़ल का एक शे'र उदाहरण के रूप में है। बाक़ी तमाम शे'र जीवन और जीवन चिंतन की अभिव्यक्ति हैं। ऐसा प्रतीत होता है जैसे पूरी ग़ज़ल किसी को संबोधित की जा रही हो। संबोधन कहीं भी नहीं। इसके बावजूद ऐसा प्रतीत होता है।

एक अन्य ग़ज़ल का शे'र ग़ौरतलब है यहाँ जो अकथ है उसकी उपस्थिति को गूँजता हुआ महसूस किया जा सकता है। शे'रगोई का यह अंदाज़ आकर्षित करता है। शे'र यूँ है—

ख़ुद चलके हमसे मिलने ख़ुशी आयी और फिर
चल छोड़ मेरी जान बयां फिर कभी सही

यह जो बयां न करना और मिसरे में बात को छुपा लेना है—यही अकथ, यही अव्यक्त, शे'र की आत्मा है। वरना पूरा शे'र सामान्य है।

सिकन्दर ने अपनी ग़ज़लों का जो मुहावरा गढ़ा है वो आश्वस्त करता है। यहाँ जीवन राग है। वो राग उदासियों से छनकर आता है और इश्क़ से भी।

इरशाद ख़ान 'सिकन्दर' की ग़ज़लों में इश्क़ कुछ जियादा है समाज कुछ कम। इन ग़ज़लों में मैं पात्र (स्वयं कवि/शायर) का द्वंद्व, संघर्ष और मुठभेड़-सी भी है—मुठभेड़, द्वंद्व और संघर्ष अपने अन्तर्मन से है तथा अपने भीतर के उस बीहड़ से भी जो संबंधों के बनने या टूटने या किसी अन्य विखंडन से पैदा होता है। यहाँ द्वंद्व अपने बाहर खड़े उस संसार से भी है जो नित नये रूप बदल रहा है।

हम कह सकते हैं कि सिकन्दर की ये ग़ज़लें चुप को तोड़ती हुई संवाद पैदा करती हैं—संवाद गुज़िश्ता से, संवाद नये समय से और संवाद उस मैं से भी जो समाज की एक इकाई है और जो स्वयं कवि भी है।

इरशाद ख़ान 'सिकन्दर' नये समय के युवा ग़ज़लगो हैं। वो अनुभवों की पुनर्रचना करते हैं और ग़ज़लें कहते हैं। समाज और जीवन में जो मामूलीपन है, सिकन्दर उसे अपनी रचना का विषय बनाते हैं। वो सचेत कवि हैं। जानते हैं कि जीवन का मामूलीपन जीवन की ताक़त होता है। यही मामूलीपन उनकी शायरी में भी किसी शक्ति की तरह है। इसी से शायरी के भाव जगत और शायरी के सौंदर्य का भी सृजन होता है। शायरी का सौंदर्य, सिकन्दर की ग़ज़लों में आकर्षित करता है। जहाँ-जहाँ स्मृतियों को अश्आर का कथ्य बनाया गया है। वहाँ न केवल गुज़िश्ता से संवाद होता है बल्कि ऐसे सम्मोहन की भी रचना होती है, जो हमारी चेतना को स्पर्श करता है।

और क्या कहूँ, मेरी जान दुआ!

— तुफ़ैल चतुर्वेदी

इरशाद ख़ान 'सिकन्दर' मेरे दूसरे अज़ीज़ हैं, जिनकी किताब मंज़रे-आम पर आया चाहती है। यूँ तो हर शख़्स को अपने सारे बच्चे एक बराबर प्यारे होते हैं मगर इरशाद का दरजा इन सबसे कुछ मुख़्तलिफ़ है।

आज से कोई 12-13 बरस पहले इरशाद मेरे पास आये। मेरे नज़दीक शायरी के लिये साथ उठना-बैठना, मिलना-जुलना जुरूरी है। तब उनके घर से मेरे घर की दूरी बहुत ज़ियादा थी। मैंने ख़ुद फ़ोन करके इरशाद को फ़रहत एहसास साहब के हवाले किया। शायरी के लिये जुरूरी चमक और पैनापन उनमें पहले से था। फ़रहत एहसास साहब की सुहबत से उनमें तब्दीली आयी। कुछ बरस बाद उन्होंने फिर मेरा इन्तिख़ाब किया और मुझे हैरत में डाल दिया।

जिस क़दर तेज़ रफ़्तारी से इरशाद ने शायरी के मैदान में दौड़ लगायी वैसा कोई और करता तो यक़ीनन मुंह के बल गिरता। उन्होंने अपने आप को मनवाया ही नहीं बल्कि इस बात को समझा कि शायरी एक सिलसिला है। ये ज़ीना-दर-ज़ीना हम तक आयी है और हमारी भी ज़िम्मेदारी है कि इस सिलसिले में दीगर इज़ाफ़ा करें और अब यूँ है कि इरशाद चंद बरस में ख़ुद फ़ारिग़ुल-इस्लाह[1] ही नहीं हुए बल्कि बहुत अच्छे शे'र कहने वाले कई शायरों की रहनुमाई भी कर रहे हैं।

रवायत की पासदारी मगर नये ख़यालात को भरपूर राह देने वाला उनका लहजा किसी मैदानी दरिया की तरह मद्धम-मद्धम बजती पखावज जैसी बहुत

---

1. उत्तीर्ण 2. विनम्रता

मीठी गूंज पैदा करता है। अपने बुजुर्गों की तरफ़ अदब से सर झुका कर देखने वाले इरशाद अपने शागिर्दों के लिये शफ़ीक़ उस्ताद हैं। उनमें बुजुर्गों के लिये अक़ीदतों तक पहुँचती मुअद्दब इन्किसारी[2] है। ऐसे लोग हमेशा सुर्ख़ुरू होते आये हैं। मैं जानता हूँ कि इरशाद को भी ये मंज़िल मिलेगी।

उन्हीं के एक शे'र से बात ख़त्म करता हूँ।

> मैं चराग़ से जला चराग़ हूं
> रौशनी है पेशा ख़ानदान का

और क्या कहूँ, मेरी जान दुआ!

अपनी बात

— इरशाद ख़ान 'सिकन्दर'

पहला पहलू! अक्सर मैं ये सोचा करता हूँ कि मैं पैदा क्यों हुआ? क्या इतनी बड़ी कायनात में एक मेरे न आने से कोई फ़र्क़ पड़ जाता? शायद नहीं...लेकिन अब चूँकि जब मैं आ ही गया हूँ तो अपने होने का एहसास कराना अपना फ़र्ज़ समझता हूँ...और इसके लिये जिस ज़रीये को मैंने या यूँ कहें कि जिस ज़रीये ने मुझे चुना वो शायरी है। शायरी मेरे नज़दीक किसी ऐसे हमदर्द के कांधे की मानिंद है जिसपे सर रखकर मैं अपना दुःख रो सकता हूँ...वो दुःख जो ज़माने भर का है जिसे मैं अपना समझता हूँ...यूँ तो तमाम ज़बानों में मैंने तक़रीबन चार सौ से पाँच सौ गीत भी लिखे लेकिन उन गीतों का तअल्लुक़ पेट से है...मेरी रूह से नहीं...कुछ बरस पहले जब एक क़रीबी ने मुझे दोस्ताना मश्वरा दिया कि आप अपनी ग़ज़लें फ़लां रिसाले में भेजिये आपको इतने पैसे मिलेंगे...तो मैंने जवाब दिया था कि हुज़ूर मेरे गीत बिके मेरी आवाज़ बिकी मेरी अदाकारी बिकी अब कहीं तो मुझे ज़िन्दा रहने दीजिये और ज़िन्दा मैं वहीं हूँ जहाँ बिका नहीं हूँ। बिकना मेरे नज़दीक मरना है और मैं रोज़ मरता हूँ और इस मुर्दे में जान फूँकती है शायरी जिसे मैंने किसी सूरत बिकने नहीं दिया। सो शायरी करना मेरे नज़दीक ज़िन्दगी करना भी है।

दूसरा पहलू! अब आते हैं दूसरे पहलू पर! एक शय है जिसे तक़दीर कहते हैं इससे मेरी कभी नहीं बनी...जबसे मैंने होश सँभाला तक़दीर से ठनी चली आ रही है वैसे अब तक ज़ियादातर तक़दीर ही का पलड़ा भारी रहा है लेकिन कई बार मैं भी भारी पड़ जाता हूँ, सो तक़दीर को पछाड़कर जहाँ-जहाँ मैंने जीत हासिल की है वो जीत मेरे लिये बड़ी जीत है। उस जीत में सबसे पहले डॉ. अब्दुल बिस्मिल्लाह साहब मिले फिर फ़रहत एहसास साहब और फिर तुफ़ैल चतुर्वेदी साहब। तक़दीर जब-जब मुझे मेरी हार गिनवाती है मैं अपनी जीत के तीन नाम गिनवाकर तक़दीर की बोलती बंद कर देता हूँ।

तमाम शे'र जुदाई में अश्क पीते हुए
ग़ज़ल का ज़ायक़ा मीठे से खारा होता हुआ

कल तेरी तस्वीर मुकम्मल की मैंने
.फ़ौरन उस पर तितली आकर बैठ गयी

1

सोचने बैठा था मैं दिल की लगी
आज तन्हाई मुझे अच्छी लगी

कौन कहता है कि आँखें बुझ गयीं
हां, ज़रा सा ख़्वाब पर क़ैंची लगी

मय के हक़ में यूं कहा मयख़्वार ने
ये है सच्ची इसलिए कड़वी लगी

मैं तो नीलामी से कोसों दूर था
सुन रहा हूँ मेरी भी बोली लगी

जा चुके तुम साथ मेरा छोड़कर
बात सच्ची है मगर झूटी लगी

मानता हूँ बंदिशें हैं वस्ल में
क्या ख़यालों पर भी पाबन्दी लगी

हमने ख़ुद को मुफ़्त हाज़िर कर दिया
और ये क़ीमत उन्हें महँगी लगी

धज्जियां तहज़ीब की पहले उड़ीं
फिर रवायत को यहां फांसी लगी

2

जिस्म दरिया का थरथराया है
हमने पानी से सर उठाया है

शाम की सांवली हथेली पर
इक दिया भी तो मुस्कुराया है

अब मैं ज़ख़्मों को फूल कहता हूं
फ़न ये मुश्किल से हाथ आया है

जिन दिनों आपसे तवक़्क़ो थी
आपने भी मज़ाक़ उड़ाया है

हाले-दिल उसको क्या सुनायें हम
सब उसी का किया-कराया है

3

दिलो-नज़र में तिरे रूप को बसाता हुआ
तिरी गली से गुज़रता हूँ जगमगाता हुआ

ग़ज़ल के फूल मिरे ज़हन में महकते हुए
तिरा ख़याल मुझे रात भर जगाता हुआ

वो बारगाहे-अदब है अक़ीदतों की जगह
मैं उस गली से न गुज़रूंगा ख़ाक उड़ाता हुआ

मिरे जुनूं से हरीफ़ों के पांव उखड़ते हुए
मैं जान देने के चक्कर में जां बचाता हुआ

किसे मिला तिरे क़दमों में जान दे देना
मैं सुर्ख़रू हुआ चाहत के काम आता हुआ

तुम्हारी याद मुझे इस तरह से लगती है
कोई चराग़ अंधेरे में झिलमिलाता हुआ

हथेलियों की लकीरें मुझे परखती हुईं
मैं हर क़दम पे मुक़द्दर को आज़माता हुआ

मिरे ख़िलाफ़ सभी साज़िशें रचीं जिसने
वो रो रहा है मिरी दास्तां सुनाता हुआ

हमारी सम्त लगातार वार होते हुए
उसे बचाने में अक्सर मैं चोट खाता हुआ

4

मसाइल हल न होंगे ख़ुदकुशी से
उलझना ही पड़ेगा ज़िंदगी से

मुझे उनकी गली पहुंचायेगी क्या
कोई पूछे मिरी आवारगी से

अगर तुम सामने आओ अचानक
तो हम पागल न हो जायें ख़ुशी से

उसे पहचानना बेहद है मुश्किल
वो सबसे मिल रहा है सादगी से

तिरे रस्ते में सहरा ने बताया
बुझाओ प्यास अपनी तशनगी से

5

हम रौशनी के शहर में साहब अबस गये
फिर यूं हुआ कि हम पे अंधेरे बरस गये

हमने दुआ बहार की मांगी ज़ुरूर थी
कैसी बहार आयी कि पत्ते झुलस गये

पढ़-पढ़ के सोचता हूँ किताबों की शक्ल में
कितने अज़ीम लोग मिरे घर में बस गये

देखा नज़ारा हमने ये ख़्वाबों में ही सही
धरती की इक पुकार पे बादल बरस गये

तजज़ीया कीजियेगा जो मज़हब का दहर में
हर पल में पाइयेगा कि दो-चार-दस गये

जिस सम्त भी चलें उसी चेहरे की खोज-बीन
आख़िर को हम भी उसकी गली ही में बस गये

6

फ़लक पर पांव धरना चाहिये था
हमें हद से गुज़रना चाहिये था

तुम्हें जिस पर हँसी आयी मुसलसल
वो जुमला तो अखरना चाहिये था

अगर हर बात सच ही थी तुम्हारी
तो फिर चेहरा निखरना चाहिये था

अंधेरे सर उठाये फिर रहे हैं
कोई सूरज उभरना चाहिये था

वहां पर ज़िंदगी ही ज़िंदगी थी
उसी कूचे में मरना चाहिये था

किसी की मुस्कराहट छीन बैठे
सलीक़े से मुकरना चाहिये था

यहां सहरा में बैठा सोचता हूं
नदी के पार उतरना चाहिये था

वरक़ सादा पड़े हैं ज़िंदगी के
कोई तो रंग भरना चाहिये था

समझ आया है ये बीनाई खोकर
उजालों से भी डरना चाहिये था

कुल्हाड़ी मार ली पैरों पे अपने
तअस्सुब से उबरना चाहिये था

7

तेरे इश्क़ में कोहे-ग़म सर पे लिया जो हो सो हो
सबने कहा मर जाओगे हमने कहा जो हो सो हो

जान हथेली पर लेकर तेरी गली में आया मैं
मेरे चांद निकल बाहर सामने आ जो हो सो हो

सबकी नज़रें मुझ पर थीं मेरी नज़र में बस वो आंख
दिल ने कहा सुन ऐ अर्जुन तीर चला जो हो सो हो

ख़्वाब तुम्हारे क्या देखे मेरी आँखें गद्‌गद हैं
मेरे दिल के सहरा में फूल खिला जो हो सो हो

दाद यक़ीनन पायेगा शे'र अगर चौंकायेगा
छोड़ वज़ाहत करनी अब शे'र सुना जो हो सो हो

सौदा इश्क़ का हो तो फिर सूदो-ज़ियां की सोचे कौन
हमने अपना सरमाया झोंक दिया जो हो सो हो

8

जिस्म पहनकर चलता हूं
लेकिन क्या मैं ज़िंदा हूं

सुनता अपनी हूँ लेकिन
उसके जी की करता हूं

यूं डरते हो तुम मुझसे
जैसे मैं आईना हूं

मुमकिन है वो आ जाये
आस लगाये बैठा हूं

छूने से डरते हैं सब
एक ख़याल अछूता हूं

9

बहुत चुप हूँ कि हूँ चौंका हुआ मैं
ज़मीं पर आ गिरा उड़ता हुआ मैं

बदन से जान तो जा ही चुकी थी
किसी ने छू लिया ज़िंदा हुआ मैं

न जाने लफ़्ज़ किस दुनिया में खो गये
तुम्हारे सामने गूंगा हुआ मैं

भंवर में छोड़ आये थे मुझे तुम
किनारे आ लगा बहता हुआ मैं

बज़ाहिर दिख रहा हूँ तन्हा-तन्हा
किसी के साथ हूँ बिछड़ा हुआ मैं

चला आया हूँ सहराओं की जानिब
तुम्हारे ध्यान में डूबा हुआ मैं

अब अपने आपको ख़ुद ढूंढता हूं
तुम्हारी खोज में निकला हुआ मैं

मिरी आँखों में आँसू तो नहीं है
मगर हूँ रूह तक भीगा हुआ मैं

बनायी किसने ये तस्वीर सच्ची
वो उभरा चांद ये ढलता हुआ मैं

10

दिल की बस्ती खंडर हो गयी
पर सभी को ख़बर हो गयी

तेरी फुर्क़त का अमृत पिया
और उदासी अमर हो गयी

यूं हुआ फिर करिश्मा हुआ
मिट्टी ख़ुद कूज़ागर हो गयी

काम लूंगा शराफ़त से मैं
चूक फिर भी अगर हो गयी

सबकी नज़रों में वो आ गया
जिस पे तेरी नज़र हो गयी

बात क्या है तिरी आस्तीं
आज अश्कों से तर हो गयी

मुझको मिट्टी में बोया गया
मेरी मिट्टी शजर हो गयी

हमको झगड़े मिटाने थे सो
सुल्ह हर बात पर हो गयी

11

कब सोचा था दुनिया ऐसी निकलेगी
बात से पहले घर में लाठी निकलेगी

पत्ता-पत्ता चुप्पी साधे बैठा है
शायद इस रस्ते से आंधी निकलेगी

हाथ पे हाथ धरे बैठे हैं सारे लोग
मुश्किल से इस घर से कड़की निकलेगी

इक हिन्दुस्तानी की नज़रों से देखो
ईद की रिश्तेदार दिवाली निकलेगी

मेरे दिल का बंजर नम कैसे होगा
कैसे इस सहरा में नद्दी निकलेगी

लोग कहें सच्चाई इसको, मैं अफ़वाह
ख़्वाबों की धरती भी परती निकलेगी

12

तुमने मुझको समझा क्या
मैं हूँ ऐसा वैसा क्या

बस इतना ही जानूं मैं
टूट गया जो, रिश्ता क्या?

अच्छी-ख़ासी सूरत है
दिल भी होगा अच्छा क्या

आंखों में अंगारे थे
होंटों पर भी कुछ था क्या

बरसों बाद मिले हो तुम
देखो मैं हूँ ज़िंदा क्या

हाथों में क़ुरआन लिये
जो बोला वो सच था क्या

पेड़ है क्यों इतना गुमसुम
टूट गया फिर पत्ता क्या

13

ख़ामोशी की बर्फ़ पिघल भी सकती है
पल भर में तस्वीर बदल भी सकती है

तुम जिनसे उम्मीद लगाये बैठे हो
उन ख़ुशियों की साअत टल भी सकती है

यादों की तलवार है मेरी गर्दन पर
ऐसे में तो जान निकल भी सकती है

लड़ते वक़्त कहां हमने ये सोचा था
तेरी फ़ुर्क़त हमको खल भी सकती है

मुमकिन है आ जाये मुर्दादिल में जां
तुम आओ तो धड़कन चल भी सकती है

14

आंखों की दहलीज़ पे आकर बैठ गयी
तेरी सूरत ख़्वाब सजाकर बैठ गयी

कल तेरी तस्वीर मुकम्मल की मैंने
फ़ौरन उस पर तितली आकर बैठ गयी

ताना-बाना बुनते-बुनते हम उधड़े
हसरत फिर थककर, ग़श खाकर बैठ गयी

खोज रहा है आज भी वो गूलर का फूल
दुनिया तो अफ़वाह उड़ाकर बैठ गयी

रोने की तरकीब हमारे आयी काम
ग़म की मिट्टी पानी पाकर बैठ गयी

वो भी लड़ते-लड़ते जग से हार गया
चाहत भी घर-बार लुटाकर बैठ गयी

बूढ़ी मां का शायद लौट आया बचपन
गुड़ियों का अम्बार लगाकर बैठ गयी

अबके चराग़ों ने चौंकाया दुनिया को
आंधी आख़िर में झुंझलाकर बैठ गयी

एक से बढ़कर एक थे दांव शराफ़त के
जीत मगर हमसे कतराकर बैठ गयी

तेरे शहर से होकर आयी तेज़ हवा
फिर दिल की बुनियाद हिलाकर बैठ गयी

15

मिरी ग़ज़लों में जिसने चांदनी की
उसी ने ज़िंदगी तारीक भी की

वहां भी ज़िंदगी ने धर दबोचा
वो कोशिश कर चुका है ख़ुदकुशी की

कोई उसकी हिमायत में नहीं है
हिफ़ाज़त कर रहा था जो सभी की

अगर ये ख़्वाब सच्चा हो तो क्या हो
मिले भी और उससे बात भी की

छुपाया मैंने सबसे राज़ अपना
मिरे अश्कों ने लेकिन मुख़बिरी की

16

सबके दिल में ग़म होता है
सिर्फ़ ज़ियादा कम होता है

चोट लगे तो रोकर देखो
आँसू भी मरहम होता है

ख़त लिखता हूँ जब जब उसको
तब तब काग़ज़ नम होता है

ख़ामोशी के अंदर देखो
शोर सा इक हरदम होता है

गहराई से सोच के देखो
शोला भी शबनम होता है

17

घर की दहलीज़ अंधेरों से सजा देती है
शाम जलते हुए सूरज को बुझा देती है

मैं भी कुछ दूर तलक जाके ठहर जाता हूं
तू भी हँसते हुए बच्चे को रुला देती है

ज़ख़्म जब तुमने दिये हों तो भले लगते हैं
चोट जब दिल पे लगी हो तो मज़ा देती है

दिन तो पलकों पे कई ख़्वाब सजा देता है
रात आँखों को समंदर का पता देती है

कहीं मिल जाय 'सिकन्दर' तो ये कहना उससे
घर की चौखट तुझे दिन रात सदा देती है

18

ज़िक्र करें क्या कैसे कैसे इसने दांव चले
शहर को कहकर अल्ला हाफ़िज़ हम तो गांव चले

धूप तिरी मेहमान-नवाज़ी अच्छी है लेकिन
कब तक ठहरें अब तो हम पीपल की छांव चले

इश्क़ ने जब आवाज़ लगायी भूलके हम सबकुछ
सहराओं की तपती रेत पे नंगे पांव चले

मौसीक़ी का दौर सुनहरा बीत गया यारो
कोयल कूक नहीं अब तो कौए की कांव चले

19

बेख़ुदी कुछ इस क़दर तारी हुई
सांस तक लेने में दुश्वारी हुई

ख़्वाब सारे रेज़ा-रेज़ा हो गये
सब उमीदें हैं थकी-हारी हुई

हम हैं आदत के मुताबिक़ मुन्तज़िर
आपकी इमदाद सरकारी हुई

हाल क्या पूछा किसी हमदर्द ने
आँसुओं की नह्र सी जारी हुई

होश भी उनकी गली में रह गया
अक़्ल की तो अक़्ल है मारी हुई

20

आंखों का बुझ न जाये कहीं हार कर दिया
अश्कों ने साथ देने से इनकार कर दिया

दिल की तमाम ख़्वाहिशें दिल ही में रह गयीं
तुमने हमारा ख़्वाब ही मिस्मार कर दिया

इतना तो हेर-फेर हुआ उनके हाथ से
दिल की तपिश का और भी विस्तार कर दिया

सुनते थे रोज़ उनकी मसीहाइयों की बात
ये और बात है हमें बीमार कर दिया

उसने कहा था इश्क़ में मिट जाना फ़र्ज़ है
सो हमने अपने आप को तैयार कर दिया

21

फ़लक से देखके हैरां सितारा होता हुआ
ज़मीं पे चांद का अद्भुत नज़ारा होता हुआ

हमारे लब पे तबस्सुम क़याम कैसे करे
तुम्हारे इश्क़ में क्या क्या ख़सारा होता हुआ

मगर इरादे को मज़बूत कर गया मेरे
पुराना ख़्वाब मिरा पारा-पारा होता हुआ

जुनूं के आगे सभी रस्में सर झुकाती हुई
गली में इश्क़ की रुकने का चारा होता हुआ

तमाम शे'र जुदाई में अश्क पीते हुए
ग़ज़ल का ज़ायक़ा मीठे से खारा होता हुआ

बिछड़ते वक़्त वो इक फोटो दे गया अपनी
भंवर के बीच भी तिनका सहारा होता हुआ

ये घर मकान में तब्दील हो न जाये कहीं
हर एक चीज़ पे मेरा तुम्हारा होता हुआ

शुरूअ सांझ से चेहरा सा बादलों में दिखा
समन्दरों का सफ़र फिर हमारा होता हुआ

22

ज़मीनें आसमां छूने लगी हैं
हमारी क़ीमतें अब भी वही हैं

शराफ़त इन्तिहा तक दब गयी तब
सिमट कर उंगलियां मुट्ठी बनी हैं

रहे हैं वार सब ओछे तुम्हारे
मिरी सांसें अभी तक चल रही हैं

बचे फिरते हैं बारिश की नज़र से
बदन इनके भी शायद का़ग़ज़ी हैं

तिरी यादें बहुत भाती हैं लेकिन
हमारी जान लेने पर तुली हैं

23

तू एक झूट जो अब तक हुआ ज़लील नहीं
मैं एक सच हूँ पर इसकी कोई दलील नहीं

शुरूअ होके तुम्हीं से तुम्हीं पे ख़त्म हुई
मिरे ख़याल की दुनिया बहुत तवील नहीं

ग़लत पते पे चली आई तेरी, ख़ुशफ़हमी
यहां तो अश्क की नदियां हैं कोई झील नहीं

कतर दें हिस्सा वो, जो दिल को नापसंद लगे
अमां ये ज़ीस्त कोई कैमरे की रील नहीं

हर एक बात सुबूतों के साथ कैसे कहूं
मिरा मिज़ाज सुख़नवर है मैं वकील नहीं

तो क्या ये समझें कि बस्ती में सब सलामत हैं
अब आसमान में मंडराते गिद्ध-चील नहीं

24

ये कैसी आज़ादी है
सांस गले में अटकी है

पत्ते जलकर राख हुए
सहमी-सहमी आंधी है

ये कैसा सूरज निकला
जिसने आग लगा दी है

चूहों ने ये सोचा था
दुनिया भीगी बिल्ली है

उसके घर के रस्ते में
हमसे दुनिया छूटी है

अपनी करके मानेगी
चाहत ज़िद्दी लड़की है

मिन्नत छोड़ो चीख़ पड़ो
दिल्ली ऊंचा सुनती है

मिट्टी में मिल जायेगी
मिट्टी आख़िर मिट्टी है

25

कभी गुज़रे थे हम उसकी गली से
सो पीछा छुट चुका है तीरगी से

तिरी फ़ुर्क़त में क्या-क्या गुल खिले हैं
बदन जलने लगा है चांदनी से

तिरी नज़रों में क़ीमत क्या है मेरी
किसी लम्हे ने पूछा है सदी से

मिरे सब राज़ मुझसे पूछती है
'मैं आजिज़ आ गया हूँ शायरी से'

अभी राधा मिरी रूठी हुई है
रिझाने जा रहा हूँ बांसुरी से

सियाही मत छिड़किये दास्तां पर
इसे हमने लिखा है रौशनी से

यक़ीनन इसमें ज़ेवर सा मज़ा है
अना गर पहनी जाये सादगी से

कोई इस घर से यूं रुख़्सत हुआ है
दहलता हूँ मैं लफ़्ज़े-रुख़्सती से

$\longrightarrow$

हुए हैं इतने कड़वे तजरुबे कुछ
मैं डरता हूँ बहुत मीठी छुरी से

ये इल्मो-फ़न तो बस बैसाखियां हैं
बड़ा बनता है कोई सोच ही से

समन्दर इस क़दर खारा है क्योंकर
मिला होगा ये आँखों की नदी से

इबादत में भी है मतलबपरस्ती
मैं ख़ुश रहता हूँ उसकी बन्दगी से

बहुत से काम लेने हैं अभी तो
मियां इस चार दिन की ज़िंदगी से

मैं लिक्खूं और गर सब लोग समझें
मुझे परहेज़ क्यों हो फ़ारसी से

मिरे हक़ में ज़ियादा सख़्त है वो
गिरायेगा कोई क्यों ऐसे जी से

26

उस गली ही में आना-जाना था
वो भी क्या दौर क्या ज़माना था

दर्दे-दिल को मियां दबाना था
आँसुओं को तो मुंह चिढ़ाना था

काम क्या ख़ूब था मिरे ज़िम्मे
चांद को आइना दिखाना था

जग के क़दमों पे रख दिया क्योंकर
सर तो अपनी तरफ़ झुकाना था

सबकी औक़ात सामने होती
सिर्फ़ पर्दा मुझे उठाना था

हाथ में एक कासा था उसके
सर पे रहमत का शामियाना था

दर्द को कोई उसके क्या जाने
मश्ग़ला जिसका मुस्कुराना था

तेरी चाहत का दिल के कोने में
एक छोटा सा आशियाना था

चांद की बाट देखता सूरज
शाम तक डूब ही तो जाना था

27

दिल के वरक़ से इश्क़ का उन्वान काट दे
किसकी मजाल है जो ये तूफ़ान काट दे

फिर उसके बाद सोच कि बाक़ी बचेगा क्या
तू सिर्फ़ कृष्णभक्ति से रसखान काट दे

कहता है ज़ात-पात नहीं मानता है तू
यूं कर कि अपने नाम से ये ख़ान काट दे

महफ़िल की शक्ल आपने देखी है उस घड़ी
दानां की बात जब कोई नादान काट दे

ऐसे सुख़न कि क्या कहूं अपनी ज़बां से, वो
ग़ज़लों के सूरमाओं के भी कान काट दे

उसकी नज़र से देखो कभी सुब्ह की किरन
आंखों में सारी रात जो इंसान काट दे

काटा गया हूँ ऐसे मैं जैसे क्रिकेट में
पत्ता किसी खिलाड़ी का कप्तान काट दे

सारे उसूल ताक़ पे रख दे है मुफ़लिसी
बेरोज़गारी की छुरी ईमान काट दे

→

कमतर न आंकिये कभी निर्धन के अज़्म को
अपनी पे आये पानी तो चट्टान काट दे

बच्चों से यूं भी मिलता हूँ मुमकिन है कोई दिन
चेहरे का दर्द फूल सी मुस्कान काट दे

चटख़ारे लेके लोग सुनाते हैं दास्तां
निर्धन के हाथ जब कोई धनवान काट दे

ये कौन जानता है 'सिकन्दर' कि ज़िंदगी
किस वक़्त किसकी मौत का चालान काट दे

28

तिरे कूचे में जो, बैठा है पागल
वो दिल से हाथ धो, बैठा है पागल

तसव्वुर में तुम्हारा साथ पाकर
लो, अपने होश खो बैठा है पागल

तिरी ख़ुशबू जिधर को जा रही है
उसी जानिब ही तो, बैठा है पागल

ज़माने पर तो खुलकर हँस रहा था
तिरे छूते ही रो, बैठा है पागल

इशारे इश्क़ की मौजों के पाकर
बदन कश्ती डुबो, बैठा है पागल

तअरुफ़ यूं मिरा देती है दुनिया
चले जाओ कि वो, बैठा है पागल

सुख़नवर फ़िक्र के लम्हों में अक्सर
लगे है यूं कि गो, बैठा है पागल

तुम्हारे दर पे कितनी मुद्दतों से
निगाहें फेर लो, बैठा है पागल

मिरी आँखों के ज़ीने से उतरकर
मिरा दामन भिगो, बैठा है पागल

29

हौसला भले न दो उड़ान का
तज़्किरा तो छोड़ दो थकान का

ईंट उगती देख अपने खेत में
रो पड़ा है आज दिल किसान का

कपड़े और रोटियां मिलीं मगर
मसअला तो अब भी है मकान का

मुझमें कोई हीरे हैं जड़े हुए
सब कमाल है तिरे बखान का

इक नदी के दो किनारों ऐसा है
फ़ासला हमारे दरमियान का

चाहता हूँ मैं ही क़िस्सागो बनूं
दर्द की तवील दास्तान का

शब हमारा चांद छत पे आया तो
रंग उड़ गया था आसमान का

मैं चराग़ से जला चराग़ हूं
रौशनी है पेशा ख़ानदान का

कर गया ख़मोश मुझको देर तक
चीख़ना वो एक बेज़बान का

30

बुझे हो, हाथ मायूसी लगी है क्या
दरे-उल्फ़त पे अब कुंडी लगी है क्या

अभी भी तुझ दरे-दिल पर बता जानां
हमारे नाम की तख़्ती लगी है क्या

समंदर बौखलाया फिर रहा है क्यों
किनारे फिर कोई कश्ती लगी है क्या

हमीं तुमसे हमेशा मिलने आयें क्यों
तुम्हारे पांव में मेहंदी लगी है क्या

कटे हैं पर तो कटने दो मियां सोचो
इरादों पर कोई क्रैंची लगी है क्या

जहां कल इश्क़ पर चर्चा हुआ घंटों
वहीं अब हुस्न की मंडी लगी है क्या

हैं आँखें सुर्ख़, लब ज़ख़्मी, अना घायल
तिरे किरदार की बोली लगी है, क्या

तिरी गलियों से जो गुज़रा उसे जानां
भला दुनिया कभी अच्छी लगी है क्या

→

यक़ीनन आज बेपर्दा वो निकले हैं
वगरना, चांदनी फीकी लगी है क्या

न दुनिया है न उलझन है सुकूं है बस
ठिकाने अब मिरी मिट्टी लगी है क्या

किताबें घर मिरे सूरज सी रौशन हैं
तिरे कमरे में ये बत्ती लगी है क्या

ज़ुबां से आह क्या उफ़ तक नहीं निकली
तो अबके चोट कुछ गहरी लगी है क्या

मिटा लोगे जिहालत को 'सिकन्दर' तुम
तुम्हें भी ये नयी धुनकी लगी है क्या

31

बाम पर इक जमाल था क्या था
आप थे या हिलाल था क्या था

अब जो मेरी हयात है क्या है
वो जो तेरा ख़याल था क्या था

अश्कों में रंग तो नहीं होता
आंखों में लाल-लाल था क्या था

शाम कुछ चैन से गुज़रती थी
जी हमारा बहाल था क्या था

आज क्यों गुफ़्तगू में नर्मी है
ख़ूं में कल जो उबाल था क्या था

32

ख़्वाब खूंटी पे टांगकर यारो जिस्म बिस्तर पे फेंक देता हूं
दिन के सारे उदास लम्हों को रात के सर पे फेंक देता हूं

नर्म से सख़्त होता जाता हूँ याद जब भी तुम्हारी आती है
मेरी फ़ितरत तो ये नहीं लेकिन फूल पत्थर पे फेंक देता हूं

जानता हूँ नतीजा क्या होगा फिर भी कैसी ये बेवक़ूफ़ी है
अपने मन के दहकते प्रश्नों को उनके उत्तर पे फेंक देता हूं

बस्तियों ने सवाल पूछा था ये अंधेरा मिटेगा कब साहिब
मुहतरम का जवाब आया है आग छप्पर पे फेंक देता हूं

33

मिरी आँखों से ओझल हो गया है
तिरा सपना भी पागल हो गया है

कई उन्वान सोचे जा रहे हैं
फ़साना इक मुकम्मल हो गया है

महक उठती है मेरी गुफ़्तगू से
तख़य्युल तेरा संदल हो गया है

मिरे सीने में जो था संग सा दिल
तिरे छूते ही कोमल हो गया है

किसी की जान लेने पर उतारू
तिरी आँखों का काजल हो गया है

बहुत ख़तरे हैं कैसे जां बचायें
ये सारा शहर चम्बल हो गया है

34

अपना उल्लू सीधा करना
मुश्किल फ़न है ऐसा करना

रोज़ गली से गुज़रूंगा मैं
तुम खिड़की से देखा करना

जिस चौखट पर इश्क़ लिखा हो
उस चौखट पर सज्दा करना

क़ुदरत ने दो हाथ दिये हैं
फिर क्यों पेट की चिंता करना

आ जायेगा धीरे-धीरे
दुनिया से समझौता करना

महफ़िल का मा'मूल है मुझको
देख के भी अनदेखा करना

35

मिरे ख़याल की चिड़िया फ़लक पे जा बैठी
वो माहताब की सूरत वहां भी आ बैठी

मिरे जुनूं से उलझने चली थी ये दुनिया
हुआ मुक़ाबला तो होश ही गंवा बैठी

मिरे ख़याल से कुछ तो फ़ज़ा में गड़बड़ है
ख़मोश लहरों पे चुपचाप सी हवा बैठी

ज़बान काट दी और हाथ पांव बांध दिये
सवाल उठता है फिर भी उड़ान क्या बैठी

वो शर्मसार है उस्ताद अब तो बस भी करो
ज़रा सी भूल पे कब तक करे उठा-बैठी

मैं चाहता तो 'सिकन्दर' ठहर भी सकता था
मगर उमीद मुझे दांव पर लगा बैठी

36

कल के वादे पे बात टाली है
वाह तरकीब क्या निकाली है

मुंबई में चखा ये कड़वा सच
रिश्ते-नातों का नोट जाली है

रंग भरके तुम्हारी यादों के
एक तस्वीर सी बना ली है

अपने बच्चे को कैसे समझाऊं
ज़िद न कर मेरी जेब ख़ाली है

तीर लगना ही है निशाने पर
आँसुओं ने कमां संभाली है

37

यूं डांवाडोल दिल है तिरी याद के बग़ैर
जैसे किसी की शायरी उस्ताद के बग़ैर

ताज़िंदगी किसी की सुनी अनसुनी करे
सुन ले किसी की बात वो फ़रियाद के बग़ैर

अश्कों को एहतियात से बरता करो मियां
ये क्या कि रो पड़ो किसी रूदाद के बग़ैर

उसको ये दु:ख है अब कि उसे कोई दु:ख नहीं
पंछी उदास-उदास है सय्याद के बग़ैर

कुछ लोग फेंक आते हैं कूड़े के ढेर में
कुछ लोग टूट जाते हैं औलाद के बग़ैर

38

काग़ज़ पे दिल के तेरी यादों का दस्तख़त है
चेहरे की सब उदासी इसके ही मा'रिफ़त है

मेरे कहे न ठहरें, मेरे कहे न छलकें
अश्कों की सारी पूंजी आँखों की मातहत है

किस शख़्स में है हिम्मत जो मेरा घर जलाये
पैरों तले ज़मीं है सर पर ख़ुदाई छत है

दिन-रात एक करके जो कुछ कमाया मैंने
अब गिन रहा हूँ इसमें क्या ख़र्च क्या बचत है

आंखों को मींचने से कैसे मिटे धुंधलका
फैली फ़ज़ाओं में ही जब धुंध की परत है

शादी के कार्ड में क्या कुछ ख़ास है 'सिकन्दर'
यूं पढ़ रहे हो जैसे पैग़ामे-आख़िरत है

39

टली थी बात कल पर और उनका कल नहीं आया
ज़रा से मसअले का ज़िंदगी भर हल नहीं आया

उठाया क्या किसी ने एक दिन उसको हिक़ारत से
कभी फिर लौटकर इस दर पे वो पागल नहीं आया

कई बरसों से अब तक चल रही है दिल के मैदां में
वही इक दौड़ जिसमें कोई भी अव्वल नहीं आया

मुहब्बत की तो कोशिश है ज़मीं जन्नत बनाने की
मगर उम्मीद के पेड़ों पे अब तक फल नहीं आया

हमारे ख़्वाब का पहला सफ़र ही जानलेवा था
मगर पेशानी-ए-हस्ती पे कोई बल नहीं आया

मुझे कंधों पे बाइज़्ज़त उठाकर लोग लाये हैं
चला मैं उम्र भर पैदल यहां पैदल नहीं आया

कोई आकर कहे हमसे 'मुझे तुमसे मुहब्बत है'
'सिकन्दर' अब तलक वो ख़ूबसूरत पल नहीं आया

40

आंखों से हर ख़्वाब हवा हो जाता है
लम्हे भर में क्या से क्या हो जाता है

तेज़ उजाले का पैकर है मेरा दोस्त
जो उसको देखे अंधा हो जाता है

अश्कों के जब तीर चले हों पलकों पर
हर मंज़र धुंधला-धुंधला हो जाता है

और तो क्या होता है ग़ज़लें कहने से
हां...थोड़ा सा जी हल्का हो जाता है

सच का लुक़्मा चखने से भी क्या हासिल
ख़ाली-पीली मुंह कड़वा हो जाता है

आँसू ग़ज़लों में बसने दीजे वरना
'धीरे-धीरे सब सहरा हो जाता है'

दुनिया हो या दीन 'सिकन्दर' सच मानो
इश्क़ में सबका फ़र्ज़ अदा हो जाता है

41

चीख़ रहे हैं सन्नाटे
कोई कैसे शब काटे

नफ़रत ऐसा पेशा है
जिसमें घाटे ही घाटे

ख़ुश होंगे वो उससे ही
जो उनके तलवे चाटे

ऐसी मिट्टी दे मौला
जो दिल की खाई पाटे

अपना घर है तो फिर क्यों
रात कोई बाहर काटे

42

तू चाहता भी यही था तिरे हवाले है
सफ़र का आख़िरी हिस्सा तिरे हवाले है

तिरी नज़र में जो क़ीमत हो मुझसे कह दीजो
मिरी वफ़ा का पुलिंदा तिरे हवाले है

मुहब्बतों को अगर तू भी ओढ़ ले दुनिया
तो जह्रो-दिल का ये हुजरा तिरे हवाले है

चुभे थे ख़्वाब के टुकड़े हमारी आँखों में
हुआ जो हाल हमारा तिरे हवाले है

इबादतों का सलीक़ा मुझे नहीं आता
मिला था हुक्म सो बंदा तिरे हवाले है

ग़ज़ल के दीप जलाये सनम से बातें कीं
मिरी नमाज़ या पूजा तिरे हवाले है

सुना दी सारी कहानी जहान वालों को
बचा है एक ही क़िस्सा तिरे हवाले है

तू कह न कह तिरी आँखों ने कह दिया मुझसे
सो अब ये दिल का इलाक़ा तिरे हवाले है

43

अभी तक हम मुरव्वत कर रहे थे
सो तुम राई का पर्वत कर रहे थे

अभी कल ही की जैसे बात है तुम
मिरे दिल पर हुकूमत कर रहे थे

यहीं अब राख की ढेरी लगी है
यहीं बच्चे शरारत कर रहे थे

सज़ा ये है कि जां देनी पड़ेगी
ख़ता ये थी मुहब्बत कर रहे थे

यही अंजाम होना था दिवानो
ज़माने से बग़ावत कर रहे थे

मसाइल बांह फैलाये हमारा
हमारे घर में स्वागत कर रहे थे

निशाना बनके आख़िर रह गया सच
वहां सब लोग ग़ीबत[1] कर रहे थे

→

---

1. चुगली

कलाई भाई की सूनी रहेगी
सभी बेटे की चाहत कर रहे थे

मुहब्बत की इबादत हो रही थी
ग़ज़ल की हम तिलावत कर रहे थे

हमें मजबूरियां जकड़े हुए थीं
हमारे ख़्वाब हिजरत कर रहे थे

हमारे रू–ब–रू तो आइना है
तो फिर हम किससे हुज्जत कर रहे थे

छलक उट्ठीं मिरी आँखें 'सिकन्दर'
मुझे वो हँस के रुख़्सत कर रहे थे

44

हमारी प्यास का आलम तो कम शदीद नहीं
समन्दरों के मगर फिर भी हम मुरीद नहीं

हरेक सम्त निगाहें तो जाती हैं लेकिन
तुम्हारी चाह मिटा दें मुझे उमीद नहीं

तुम्हारे इश्क़ में क्या खोया पाया कैसे कहूं
ये वो हिसाब है जिसकी कोई रसीद नहीं

ख़ुदा का फ़ज़्ल है रोज़ा तो रखते हैं लेकिन
बहुत से घर हैं जहां मुद्दतों से ईद नहीं

तुम्हारे शहर में तो सांस लेना दूभर है
हमारे गांव की मिट्टी अभी पलीद नहीं

कुचल के रख दें 'सिकन्दर' तमाम रिश्तों को
हमारी सोच मियां इस क़दर जदीद नहीं

45

माज़ी की तपिश भी यहीं फ़र्दा की चुभन भी
मुट्ठी से फिसलता हुआ ये रेत-बदन भी

किस शख़्स से उट्ठी हैं ये जलती हुई आहें
इक पल को तड़प उट्ठे हैं धरती भी गगन भी

काग़ज़ पे उमड़ते हुए दुनिया के मनाज़िर
दिलकश है बहुत साहिबो अंदाज़े-सुख़न भी

इक शख़्स के लफ़्ज़ों ने मुझे बांध रखा है
खुल जायँ सलासिल तो मैं खोलूंगा दहन भी

हर आस अनायास मिरी तुझसे जुड़ी है
बीमार को काफ़ी है तिरी एक छुअन भी

इक पा के तुझे जी लिये हमने कई रिश्ते
महबूब भी, मां-बाप भी, बेटी भी, बहन भी

बनना है मदारी तो ज़रा ये भी तमाशा
अल्फ़ाज़ में शामिल करो आवाज़ का फ़न भी

46

हर हाल में ज़मीर का पौधा हरा रहे
अल्लाह मेरी आंख का पानी बचा रहे

हो जाऊं तेरे इश्क़ में गुम इस तरह कभी
सारा जहान मिलके मुझे ढूंढ़ता रहे

इक-दूसरे के साथ चले उम्र भर मगर
इक-दूसरे से दोनों हमेशा ख़फ़ा रहे

घर से सफ़र पे निकलो तो रक्खो ये एहतियात
बटुए में दाम हों न हों घर का पता रहे

मेरी उदासियों का सफ़र ख़त्म हो न हो
होंटों पे तेरे वास्ते हरदम दुआ रहे

47

किस मोड़ पर हुई है मिरी दास्तान बंद
आँखें सभी की बंद हैं सबकी ज़बान बंद

परवाज़ रोकनी है तो गर्दन ही काटिये
पर काटने से मेरे न होगी उड़ान बंद

सड़कों पे इक हुजूम सा फैला है शहर में
कैसा है मेला जिसमें है इक इक दुकान बंद

पढ़कर तो देखो सारी पुरानी किताबों को
पाओगे सबके दिल में है क़िस्सा जवान बंद

मेरा यक़ीं है होता न हंगामा इस क़दर
रखते जो चंद लोग बस अपनी ज़बान बंद

48

लड़ते-लड़ते वो पशेमान न होगा, होगा
क्या कभी सुल्ह का ऐलान न होगा, होगा

उसके दिल में कोई दरबान न होगा, होगा
मेरी दस्तक से परीशान न होगा, होगा

सुब्ह ओढ़े हुए है कुहर की चादर लेकिन
दिन चढ़े धूप से नुक़्सान न होगा, होगा

सिर्फ़ उम्मीद नहीं पूरा यक़ीं है मुझको
कुफ़्र के शहर में ईमान न होगा, होगा

मैं कि तदबीर से तक़दीर बदलना चाहूं
मेरा अल्लाह निगहबान न होगा, होगा

ओढ़े बैठा है वो चेहरे पे ख़मोशी लेकिन
दिल के अंदर कोई तूफ़ान न होगा, होगा

रात-दिन कोई मिरे ऐब गिनायेगा मुझे
ये भी इक तरह का एहसान न होगा, होगा

तेरे आने से जो आबाद हुआ है गुलशन
तेरे जाते ही बियाबान न होगा, होगा

सोच बदली है मगर इतनी कहां बदली है
चाक मजनूं का गिरेबान न होगा, होगा

49

दोस्तो! अपने आँसू छुपाया करो
उससे मिलते हुए मुस्कुराया करो

एक कॉलेज में है दाख़िला अपना जब
साथ आया करो साथ जाया करो

हिज्र ही के लिये सब रखो बंदिशें
वस्ल पर बंदिशें मत लगाया करो

मैं न आऊं तो मेरी ग़ज़ल ही सही
रोज़ अपने गले से लगाया करो

ये मनाज़िर दिखें कल भरोसा नहीं
फूल से तितलियां मत उड़ाया करो

रोज़ सूरज निकलता है पूरब से क्यों
बेसबब अपना सर मत खपाया करो

50

आँसुओं से धुले-धुलाये हम
इश्क़ में कितना जगमगाये हम

फिर भी छूटी न छांव पैरों से
'उम्र भर धूप में नहाये हम'

फिर रहे हैं जहाने-फ़ानी में
अपने कांधों पे सर उठाये हम

ग़म को हैरतज़दा किया हमने
शाम के वक़्त मुस्कुराये हम

रूठ जाते हैं जिस घड़ी ख़ुद से
मानते कब हैं फिर मनाये हम

और फिर क़ैद के हुए आदी
पहले कुछ दिन तो फड़फड़ाये हम

हमसे यूं है सुलूक दुनिया का
आये हों जैसे बिन बुलाये हम

रोज़ उस आस्तां से लौटे हैं
क्यों उदासी गले लगाये हम

→

रूह सौ फ़ीसदी हमारी है
जिस्म किसका पहनके आये हम

हम हैं सूरज तो ये तो होना था
चांद-तारे जुटा न पाये हम

अपनी धुन में बिगाड़ आते हैं
काम कितने बने-बनाये हम

बेबसी के चराग़ रौशन हैं
घर को लौटे बुझे-बुझाये हम

उड़ रहे हैं ख़याल के पंछी
चल रहे हैं बंधे-बंधाये हम

51

फ़र्ज़ के बंधन में हर लम्हा बंधा रहता हूँ मैं
'मैं हूँ दरवाज़ा मुहब्बत का खुला रहता हूँ मैं'

नाम लेकर तेरा, मेरा लोग उड़ाते हैं मज़ाक़
इस बहाने ही सही तुझसे जुड़ा रहता हूँ मैं

जानता हूँ लौटना मुमकिन नहीं तेरा, मगर
आज भी उस रहगुज़र को देखता रहता हूँ मैं

दोस्तों से मिलना-जुलना हो गया कम इन दिनों
तेरी यादें ओढ़कर घर में पड़ा रहता हूँ मैं

मेरे चारों सम्त हैं सब लोग कीचड़ में सने
देखना है दूध का कब तक धुला रहता हूँ मैं

भूल जाना ग़लतियां मेरी बड़प्पन है तिरा
और मेरा बचपना, ज़िद पर अड़ा रहता हूँ मैं

आँसुओं से रिश्ता मेरा जोड़ते रहते हो तुम
ख़्वाब ऐसा रफ़्ता-रफ़्ता टूटता रहता हूँ मैं

फूल सी महकी ग़ज़ल मिसरे चराग़ां कर उठे
ज़ख़्मे-दिल सा शायरी में भी हरा रहता हूँ मैं

मैं भी अपने घर की शायद फ़ालतू सी चीज़ हूं
कोई सुनता ही नहीं पर बोलता रहता हूँ मैं

52

दूर तलक इक मंज़र है
यानी धूप मुक़द्दर है

तह खोलो तो पाओगे
सहरा एक समंदर है

जब तक हम चुप बैठे हैं
जो भी कहिये बेहतर है

ताबड़तोड़ गिरे आंसू
अब कुछ हालत बेहतर है

आंखें, ज़ुल्फ़, सरापा जिस्म
कोई जादू मंतर है

उसने भेजे फूल हमें
अच्छा, तो ये तेवर है

तेरी दीद को बीनाई
कम लोगों को मयस्सर है

53

थोड़ा बदल के देख
कुछ साथ चल के देख

दुनिया बदल चुकी
बाहर निकल के देख

बदले हुए से हैं
तेवर ग़ज़ल के देख

ऊंचा है ख़्वाब तो
थोड़ा उछल के देख

फैली है चांदनी
छत पर टहल के देख

तू भी कभी मिरे
सांचे में ढल के देख

आंखों से आज की
हालात कल के देख

क़ाबू में रख निगाह
प्यारे संभल के देख

ख़्वाहिश न छोटी कर
सपने महल के देख

54

उड़ी है शहर में अफ़वाह क्या क्या
बताओगे, ज़रा खुलकर हुआ क्या

मुहब्बत थी, सो दुनिया पर लुटा दी
इलावा इसके मेरे पास था क्या

ख़ुशी से भी लिपटकर रो पड़ा तू
अबे हँस दे हुआ है बावला क्या

मियां इनकी ज़बां सब जानते हैं
करोगे आँसुओं का तर्जुमा क्या

सजी थी रात अह्ले-दिल की महफ़िल
हमारा ज़िक्र भी उसमें हुआ क्या

गली में आज भी हूँ क़ैद उसकी
'यहां से बंद है हर रास्ता क्या'

तुम्हें इक शख़्स ने धोका दिया है
सो काटोगे सभी का तुम गला क्या

तो रातों-रात घर छोड़ा सभी ने
अचानक हो गया था फ़ैसला क्या

चमक आँखों में क्योंकर बढ़ गयी है
अधूरा ख़्वाब पूरा हो गया क्या

बता हमको गले मिलने से पहले
मुहब्बत में है तेरी आस्था क्या

55

आंखों में शब भर काटे है
दीवाने को बिस्तर काटे है

अब क़ैद से बाहर कर मालिक
अब रूह को पिंजर काटे है

इक फूल खिलौने बेचने को
फुटपाथ पे चक्कर काटे है

अल्लाह बचाये जाहिल से
ये सांप तो उड़कर काटे है

क्या ख़ूब थे वो बचपन के दिन
अब पांव को कंकर काटे है

ये कौन सा चाक़ू है मुझमें
जो रोज़ मिरे पर काटे है

बरहम हैं सियासतदां, उनकी
हर चाल सुख़नवर काटे है

वो हुस्न है फूलों से कट जाय
ये इश्क़ है पत्थर काटे है

$\longrightarrow$

ख़ामोश तबीयत हूँ मुझको
ये शोर निरंतर काटे है

क्या दोस्त है मेरी गर्दन भी
वो हाथ मिलाकर काटे है

तस्वीर तिरी थी हम ख़ुश थे
अब हमको यही घर काटे है

पेश आयी जुरूरत अश्कों की
अब ख़ून का तेवर काटे है

तदबीर के ख़ंजर से क़िस्मत
हर बार 'सिकन्दर' काटे है

56

करम है, दायरा दिल का बढ़ा तो
मुझे भी इश्क़ ने आकर छुआ तो

मिरे अल्लाह मैं तो ख़ुश हूँ लेकिन
कोई मेहमान घर पर आ गया तो

तुम्हारी हेकड़ी भी देख लेंगे
करो तुम ज़िंदगी का सामना तो

मियां अंजाम अबके सोच लेना
हमारे सर पे फोड़ा ठीकरा तो

न मेले जा सका इस ख़ौफ़ से मैं
मिरा बच्चा खिलौना मांगता तो

तख़य्युल के वरक़ पलटो संभलकर
हुआ गर ज़ख़्मे-दिल फिर से हरा तो

चलो आदाबे-ग़म भी सीख ही लें
अगर ख़ुशियों ने धोका दे दिया तो

हरे पत्तों से तुम धोका न खाना
शजर अंदर से निकला खोखला तो

$\longrightarrow$

अभी ये शाम को क्या हो गया है
अभी मैं दिन में था अच्छा-भला तो

ये तय कर लो अभी ही क्या करेंगे
हमारे बीच आया तीसरा तो

हुई थीं एक बस 'परवीन शाकिर'
नदारद हैं ग़ज़ल से शायरा तो

कहां से बाजुओं में लाऊं ताक़त
मैं अपना नाम रख लूं सूरमा तो

तुम्हें देखा सो क्यों कुछ और देखूं
मज़ा हो जाय पल में किरकिरा तो

उखड़ जायेंगे ग़म के पांव फ़ौरन
तबीयत से तू पल भर मुस्कुरा तो

मगर हस्सास दिल है तू 'सिकन्दर'
ज़रा लहजा है तेरा खुरदरा तो

57

आँसुओं की धनक से संवारे हुए
दिन! मुहब्बत के जगमग सितारे हुए

रात इक ख़्वाब की ताजपोशी हुई
सुब्ह आँखों से ओझल नज़ारे हुए

लोग जिसको पहनकर बहुत ख़ुश हैं आज
दिन हैं वो मेरी शब के उतारे हुए

कल तलक जिनकी आँखों में चुभते थे हम
कौन मानेगा अब वो हमारे हुए

ख़्वाब मीठे से थे आँखों की झील में
दिल समन्दर में डूबे तो खारे हुए

ये करिश्मा सही दोस्तो, पर मिरी
जीत की नींव हैं, लोग हारे हुए

चलते-चलते अचानक सफ़र थम गया
शाम क्या आयी दिन सब किनारे हुए

जो तुम्हारी गली में गुज़ारे कभी
दिन वही ग़ज़लों में इस्तआरे हुए

58

सर पे बादल की तरह घिर मेरे
धूप हालात हुए फिर मेरे

मेरे महबूब गले से लग जा
आके क़दमों पे न यूं गिर मेरे

रात गुज़रे तो सफ़र पर निकलें
मुझमें सोये हैं मुसाफ़िर मेरे

दिल में झांके ये किसे फ़ुर्सत है
'ज़ख़्म ग़ायब हैं बज़ाहिर मेरे'

एक दिन फूट के बस रोया था
धुल गये सारे अनासिर मेरे

उसकी आँखों में नहीं देखता मैं
ख़्वाब हो जाते हैं ज़ाहिर मेरे

मुझको ईमां की तरफ़ लाये हैं
कुफ़्र बकते हुए काफ़िर मेरे

59

वगरना उंगलियों पर नाचता क्या
कोई चारा बचा था दूसरा क्या

हमारी जेब में पैसे नहीं हैं
सो, हम क्या और हमारी आस्था क्या

उसी के दम से सांसें चल रही हैं
मैं उससे हटके आख़िर सोचता क्या

जवाबन वो, फफककर रो पड़ा क्यों
सवालन तेरी आँखों ने कहा क्या

हमारे दिल के सादा से वरक़ पर
लिखोगे तुम ही कोई वाक़या क्या

तुम्हारा तज़्किरा और वो भी ख़ुद से
है कोई इससे बेहतर मश्ग़ला क्या

स.फ़र के सौ पते बदले हैं लेकिन
कभी बदला है मंज़िल का पता क्या

मुक़ाबिल धूप जब आकर खड़ी हो
पलट जाता है साया, आपका क्या

$\longrightarrow$

करेगा क्या कोई लुक़मान आकर
मरीज़े-इश्क़ की है कुछ दवा क्या

हुए आबाद हम आवारगी में
ज़माने से हमारा वास्ता क्या

जिसे जाना था वो तो जा चुका है
तिरी इमदाद से अब फ़ायदा क्या

ग़ज़ल अच्छी लगे तो दाद दीजे
वगरना ख़ाली-पीली वाह वा क्या

सुबूतों को मिटाया जा रहा है
है, गहरी नींद में अब मीडिया क्या

फ़क़त होती रहेगी गुफ़्तगू ही
न होगा हल कभी ये मसअला क्या

अगर अपनी पे आयें तो 'सिकन्दर'
कोई हमसे बड़ा है सूरमा क्या

60

कलेजे से जो मां के जा लगा मैं
ज़माने बाद फिर बच्चा लगा मैं

मिरा फैलाव है सदियों में लेकिन
वो लम्हा था उसे लम्हा लगा मैं

तिरे बिन बुझ ही जाना था मुझे सो
चमकती शाम को फीका लगा मैं

हवा को मैंने आख़िर धर दबोचा
बस, इक लम्हे को तो बुझता लगा मैं

नहीं बोला सरे-महफ़िल वो मुझसे
ये क्या कम है उसे अच्छा लगा मैं

बहाता रोज़ हूँ अश्कों के धारे
तुम्हें फिर किसलिए सहरा लगा मैं

'सिकन्दर' ज़िंदगी की शाम तो है
पर उसके दर पे आख़िर आ लगा मैं

61

दर-दर ठोकर खाऊँगा नइं
तेरे दर से जाऊँगा नइं

ज़ब्त करूँगा ग़म की शिद्दत
बिछड़ा तो मर जाऊँगा नइं

जान अगर जाये तो जाये
हाथ मगर फैलाऊँगा नइं

सोच-समझकर रुख़्सत करना
मैं दोबारा आऊँगा नइं

घर का भेदी हूँ मैं लेकिन
अपनी लंका ढाऊँगा नइं

लोग भले ही मरहम लायें
तेरा ज़ख़्म दिखाऊँगा नइं

शर्म, झिझक, सब ताक़ पे रख दी
भूल वही दुहराऊँगा नइं

62

दिल की कश्ती ख़ाक हुई
तब चाहत तैराक हुई

उसके आगे ही रोना
नादानी चालाक हुई

तुमको याद किया शबभर
और ग़ज़ल नमनाक हुई

निर्धनता की भट्टी में
हसरत जलकर राख हुई

इसमें उसका हाथ भी है
ज़ीस्त अगर तिरयाक हुई

सोच रहा हूँ उसके बाद
बात अगर बेबाक हुई

बरकत कैसे हासिल हो
नीयत जब नापाक हुई

उस्तादों की सुहबत से
जग में ऊंची नाक हुई

63

आँखें देख के लगता है
ख़्वाब अचानक टूटा है

साथ हमारे कोई नहीं
कहने को तो दुनिया है

तेरे इश्क़ में डूबा मन
पागल भी हो सकता है

मुझसे मिलने आये तुम
दाल में कुछ तो काला है

इतना ही कह सकता हूं
दिल काग़ज़ पर उतरा है

ख़ाक उड़ाता फिरता हूं
बस्ती-बस्ती सहरा है

मुश्किल है मेरा बचना
उसने जाल बिछाया है

दिल में रखना ठीक नहीं
कह देना ही अच्छा है

→

मजबूरी अब जाने दे
घर पर चांद अकेला है

टी.वी. से अख़बारों तक
आज उन्हीं का चर्चा है

जिनके आप दिवाने हैं
हमने उनको देखा है

64

ख़्वाब क्या उसका बुना मैं रूह तक तर हो गया
एक क़तरा इस क़दर फैला समंदर हो गया

क्या किसी का लम्स फिर इन्साँ बनायेगा मुझे
उसके जाते ही समूचा जिस्म पत्थर हो गया

दूसरों का घर सजाने की तमन्ना थी मुझे
ये हुआ अंजाम मैं ही घर से बेघर हो गया

कारवां के लोग सारे गुमरही में खो गये
मैं अकेली जान लेकर तन्हा लश्कर हो गया

क्या करूं ग़म भी छुपाना ठीक से आता नहीं
दास्तां छेड़ी किसी ने मैं उजागर हो गया

65

मुद्दत से कोई फूल तिरी शाख़ पर नहीं
कहने को तू शजर है मगर तू शजर नहीं

दिल टूट जाय तो उसे जोड़े न कोई गोंद
यादें मिटाने के लिये कोई रबर नहीं

सरसों हथेलियों पे उगाते रहे हैं आप
शर्मिंदा हूँ मैं आप सा मेरा हुनर नहीं

भीगे थे मेरे दिल की किताबों के सब वरक़
हैरत है मेरी आँखों को इसकी ख़बर नहीं

यानी उदासियों का ठिकाना नहीं कोई
कहती हैं मुझसे तुझ सा कोई हमसफ़र नहीं

मालिक हर एक रात तिरे आसमान से
जी चाहता है चांद उड़ा लूं मगर नहीं

इतना न रो कि शहर को सैलाब लील जाय
ऐ चश्मे-तर नहीं ऐ मिरी चश्मे-तर नहीं

66

ज़ख़्म सारे ही गये
तुम जो आकर सी गये

आस थी जितनी हमें
उससे बढ़कर जी गये

आज के बच्चे तमाम
शर्म धो कर पी गये

मसअला था इश्क़ का
हम वहां तक भी गये

तुमने पूछा ही नहीं
कब 'सिकन्दर' जी गये

67

फूल सा ज़ख़्म जब चहक उट्ठा
आँसुओं का चमन महक उट्ठा

दिल में क्या क्या थीं ख़्वाहिशें लेकिन
सामने उनके मैं झिझक उट्ठा

उम्र भर का मलाल है क्यों मैं
ग़ैर के सामने सिसक उट्ठा

फ़िक्र को फ़न का साथ मिलते ही
शे'र पूरी तरह चमक उट्ठा

बस इसी बात की तसल्ली है
हर क़दम मेरा सार्थक उट्ठा

एक पागल हवा ने दस्तक दी
शहर का शहर ही धधक उट्ठा

सिर्फ़ तस्वीर उनकी देखी थी
और फिर आइना चटक उट्ठा

उसके वादों पे ज़िंदगी काटी
मेरा ईमां न आज तक उट्ठा

फिर छिड़ी बात जाहिलों वाली
और माथा मिरा ठनक उट्ठा

68

छांव अफ़सोस दायमी न रही
धूप का क्या रही, रही, न रही

आसरा छिन गया है जीने का
आस थी जो रही-सही न रही

हो गया ख़्वाब, फूल सा चेहरा
शाख़े-दिल भी हरी-भरी न रही

बह गये आँसुओं के दरिया में
आपकी बात याद ही न रही

इक उदासी थी, रात थी, हम थे
और फिर हाजते-ख़ुशी न रही

मश्वरा जस का तस रहा लेकिन
मश्वरों की कभी कमी न रही

वाक़्या जो हुआ, हुआ लेकिन
दास्तां आपसे जुड़ी न रही

उन इलाक़ों में क्या रहा साहिब
जिन इलाक़ों में शायरी न रही

इक तमन्ना थी तेरी महफ़िल में
क्यों रहें हम अगर वही न रही

69

होंटों पर तो ताले पड़ गय
आंखों पर क्यों जाले पड़ गय

एक ज़रा सी बात कही तो
पीछे इज़्ज़त वाले पड़ गय

क़िस्मत क़िस्मत रटता था तो
खाने के भी लाले पड़ गय

जूं ही एक उजाला फैला
कितने चेहरे काले पड़ गय

सच का लुक़्मा चूने जैसा
चक्खा ज़बां पर छाले पड़ गय

इश्क़ इबादत बनता कैसे
दुनिया में दिलवाले पड़ गय

ख़ातिरदारी जी भर कर की
हम जो ग़मों के पाले पड़ गय

70

तुम आओगे कभी सोचा नहीं था
मैं अबसे पहले यूं चौंका नहीं था

तिरी यादें थीं पैहम साथ मेरे
मैं तन्हाई में भी तन्हा नहीं था

संवारा इश्क़ ने हाथों से अपने
मैं पहले इतना तो अच्छा नहीं था

बहुत हसरत थी रोने की न रोये
किसी हमदर्द का कांधा नहीं था

जुदाई का सबब बतलाऊं तो क्या
बज़ाहिर तो कोई झगड़ा नहीं था

71

वो ग़ज़ब का रंग भर आया है मेरी हीर में
जूं मुसव्विर का समूचा फ़न हो इक तस्वीर में

सुन सकेंगे आप मेरी धड़कनें भी साफ़-साफ़
लफ़्ज़ की सूरत में शामिल दिल भी है तहरीर में

सच कहूं तो ये ख़बर मुझको भी अब जाकर हुई
मैं सरापा बंध चुका हूँ जुल्फ़ की जंजीर में

आपको तक़दीर पर जितना भरोसा है मियां
हां, यक़ीं उससे ज़ियादा है हमें तदबीर में

इश्क़ ने जैसे ही उसके नर्म होंटों को छुआ
हो गया फ़ौरन इज़ाफ़ा हुस्न की जागीर में

72

दहलीज़ मेरे घर की अंधेरों से अट न जाय
पागल हवा चराग़ से आकर लिपट न जाय

पलकें न काट दे कहीं अश्कों की तेज़ धार
जज़्बात के दबाव में आवाज़ फट न जाय

हमसाये चाहते हैं मिरे घर को फूंकना
और ये भी चाहते हैं घर उनके लपट न जाय

पा ही गया मैं इश्क़ के मकतब में दाख़िला
दुनिया संभल, कि तुझसे मिरा जी उचट न जाय

तुम आज तक हो डायरी में मेरे दिल की बंद
खुल जाय डायरी तो नतीजा उलट न जाय

तय कर चुके हैं उससे नज़र फेर लेंगे हम
वो सामने जो आये तो पासा पलट न जाय

73

अज़ां देने लगी धड़कन सो आँखों अब लहू हो जाय
नमाज़े-इश्क़ पढ़नी है सलीक़े का वज़ू हो जाय

मैं उन लम्हों को यकजा कर उन्हें सदियां बना लूंगा
फ़क़त वो सामने आ जाय उससे गुफ़्तगू हो जाय

किसी के एक जुमले ने किया दिल पर असर ऐसा
भरे बाज़ार में नीलाम जैसे आबरू हो जाय

तिरी फ़ुर्क़त इसे छलनी किये जाती है बरसों से
तिरी आमद से मुमकिन है हमारा दिल रफ़ू हो जाय

अमीरी ले गयी तुझसे सभी ज़ेवर शराफ़त के
मुहब्बत ओढ़, फिर मुमकिन है मालामाल तू हो जाय

ज़रा सा वक़्त के तेवर पे रिश्ता ख़त्म क्यों करना
बिछड़ते हैं मगर मिलने की फिर से आरजू हो जाय

चमक उठती हैं आँखें और चेहरा बोल उठता है
ज़रा सा उसका चर्चा भर हमारे रू-ब-रू हो जाय

74

लम्स लम्हे भर का मुझ पत्थर को पारस कर गया
आपका दीदार मेरा दिल मुक़द्दस कर गया

उड़ती-उड़ती उनके आने की ख़बर आयी तो मैं
मौत के भी रू-ब-रू जीने का साहस कर गया

दिल मुहब्बत में दुखा और अश्कबार आँखें हुईं
कोई मिश्री की डली को नीम का रस कर गया

इक मुक़द्दर के पुजारी ने ये आफ़त बोई है
ख़ुद तो नर्वस था ही आकर सबको नर्वस कर गया

उसको हुशियारी सिखायी मेरी लापरवाई ने
इक ज़रा सा वाक़या ग़ाफ़िल को चौकस कर गया

ज़िंदगी इक मंच बनकर आ पड़ी जब सामने
और क्या करता 'सिकन्दर' मैं भी सरकस कर गया

75

तिरी चाहत की बत्ती जल रही है
अभी तक सांस मेरी चल रही है

मुहब्बत के हसीं लम्हो कहां हो
तमन्ना कब से आँखें मल रही है

मियां तारीख़ तो देखो उलटकर
ज़मीने-इश्क़ कब समतल रही है

ठनी है इसलिए ओढ़े हुए हूं
अना लेकिन मुझे भी खल रही है

अब उसकी बेरुख़ी से मैं हूँ पागल
जो मेरे इश्क़ में पागल रही है

मैं फिर भी इसके दामन से बंधा हूं
मुसलसल मुझको दुनिया छल रही है

किवाड़ें बंद हो जायें न दिल की
तिरे ख़ेमे में साजिश पल रही है

पुरानी हर ख़बर उससे मिलेगी
वो तब के दौर में गूगल रही है

76

कितना अच्छा था
जब मैं छोटा था

चोट भी लगती थी
दर्द भी होता था

शे'र तो ताज़े थे
लहजा कच्चा था

आँखें साथ गयीं
उसका चेहरा था

तैर गये फिर हम
तिनका, तिनका था

बच पाते कैसे
दिल तो निहत्था था

याद तुम्हें कुछ है
कोई तुम्हारा था

बस कुछ दिन पहले
मैं भी ज़िंदा था

→

चीर गया दिल को
ख़ंजर जुमला था

कातर आँखें थीं
चांद सा चेहरा था

झूठ कहा मैंने
सब मनचाहा था

इश्क़ की नगरी में
मेरा रुतबा था

77

उड़े हैं होश इसी बात पर चटानों के
बुलन्द हौसले हैं चन्द नौजवानों के

नतीजा तय है कि अंगूर खट्टे निकलेंगे
ज़मीन देखती है ख़्वाब आसमानों के

बुलन्दियों से मिरा पांव इक ज़रा फिसला
तमाम रास्ते तय हो गये ढलानों के

न जाने फूंक दिया क्या हवा ने कानों में
चराग़ बुझ गये यारों कई मकानों के

जवाब देने की हिम्मत जुटाइये साहब
सवाल पूछते हैं अश्क बेज़बानों के

दयारे-दह के बाहर भी एक दुनिया है
मैं जानता हूँ पते तेरे सब ठिकानों के

सफ़र में चांद मिला और शब सुलग उट्टी
ये वाक़अे तो मियां हैं गये ज़मानों के

सिखाने आये हो परवाज़ की अदा किसको
ज़माने भर में हैं चर्चे मिरी उड़ानों के

78

बाट दुनिया भर की लोगो! जोहता रहता हूँ मैं
'मैं हूँ दरवाज़ा मुहब्बत का खुला रहता हूँ मैं'

ज़िंदगी हैरान है मेरी ढिठाई देखकर
मुस्कुराकर ग़म की चालें काटता रहता हूँ मैं

क्या ये मुमकिन है कि सज्दे सब हों मेरे रायगां
जबकि तेरे इश्क़ ही में बावला रहता हूँ मैं

ढूंढने जो भी उसे निकला वो ख़ुद ही खो गया
लोग कहते हैं मुझे भी लापता रहता हूँ मैं

हारता हूँ रोज़ लेकिन हौसला घटता नहीं
कामयाबी की उमीदें बांधता रहता हूँ मैं

आदमी हूँ एक लेकिन हैं मिरे चेहरे कई
शाम को मुझसे न मिलना दूसरा रहता हूँ मैं

इसको मैं आदत कहूं, या लत कहूं, या बेबसी
तेरे बारे में हमेशा सोचता रहता हूँ मैं

शहर की सड़कों से लेकर गांव के चौराहों तक
रोज़मर्रा की तलब से जूझता रहता हूँ मैं

79

रात काटी बहुत अब फ़लक़[1] चाहिये
भीख हमको नहीं अपना हक़ चाहिये

हाशिये पर रहे इतनी सदियों से हम
अपने हिस्से का अब तो वरक़ चाहिये

फ़न की दौलत किसे सौंप दूं मैं यूं ही
आदमी तो कोई मुस्तहक़ चाहिये

जिसमें नफ़रत का नामो-निशां तक न हो
मेरे बच्चों को ऐसा सबक़ चाहिये

कुछ अदब से जुड़े बेअदब लोग हैं
लड़-झगड़ कर उन्हें सरवरक़ चाहिये

अब्र आख़िर हवा में उड़ें कब तलक
थक गये हैं ज़मीं का तबक़ चाहिये

हो मुबारक तुम्हें ये जदीदी लिबास
हम पुराने हैं हमको ख़लक़ चाहिये

रक़्स करती हुई जेठ की दोपँहर
रास आये न हमको शफ़क़ चाहिये

---

1. उषा की रौशनी

80

दुनिया की मुश्किलें भी घर का दबाव भी
सोने पे है सुहागा अपना सुभाव भी

रोका तो लाख दिल ने माना दिमाग़ कब
काग़ज़ पे आ गया सो मेरा तनाव भी

बच्चों के शौक़ अब तो बिल्कुल बदल गये
पन्नों में रह गयी है काग़ज़ की नाव भी

इस वक़्त तुम मिले तो याद आया कोई वक़्त
क्या क्या सिखा गया है हमको अभाव भी

मेरा भी हौसला अब चट्टान हो गया
अपनी पे आ गया है ग़म का अलाव भी

देखूं तो तुम नहीं हो सोचूं तो साथ हो
तुमसे जुड़ाव भी है तुमसे कटाव भी

बुनियाद की कमी से दीवार में है टेढ़
और उस पे माशा अल्ला है रख-रखाव भी

थक-हारकर न बैठो हिम्मत से काम लो
करना है पार हमको अगला पड़ाव भी

→

अर्ज़े-सुख़न भी उनका तब्दील हो गया
बदले हुए से हैं कुछ चेहरे के भाव भी

मग़रूर हो गया था चट्टान चीरकर
सहरा में आके भूला दरिया बहाव भी

बिछड़ा जो कोई हमसे महसूस तब हुआ
अच्छा नहीं 'सिकन्दर' गहरा लगाव भी

81

बहस फ़िज़ूल की सबसे करते रहते हैं
सब दानिश्वर लड़ते-भिड़ते रहते हैं

चुप्पी साधे अक्सर देखा करता हूं
मेरे अंदर लोग झगड़ते रहते हैं

तुम नाज़ुक हो तुम पैरों की फ़िक्र करो
हम शोलों से रोज़ गुज़रते रहते हैं

मैं उड़ने की कोशिश करता रहता हूं
दुनियावाले पंख कतरते रहते हैं

मैं आँखों में ख़्वाब सजाता रहता हूं
ग़म ख़ुशियों की शक्ल में ढलते रहते हैं

दिल दुनिया से दूर कहां हो पाता है
घर आंगन के चक्कर चलते रहते हैं

होंटों पर मुस्कान कभी आँखों में अश्क
दिन भर में दस रूप बदलते रहते हैं

आंखों से ओझल हो जाते हैं चेहरे
लेकिन दिल में अक्स उभरते रहते हैं

$\longrightarrow$

तुम उम्मीद पे पानी फेरते रहते हो
हम लफ़्ज़ों के हीरे जड़ते रहते हैं

इल्म हमें है दुनिया जलती है फिर भी
हम ख़ुशफ़हमी ओढ़ के चलते रहते हैं

ज़िक्र उन्हीं का, जिनकी वाणी अमृत है
छोड़ उन्हें जो ज़हर उगलते रहते हैं

जज़्ब करूंगा इनको दिल के सहरा में
आँखों आँखों आँसू फिरते रहते हैं

82

वो चाहता है मिरा दबदबा रहे क़ायम
मैं चाहता हूँ मिरी भी अना रहे क़ायम

सुलझ गयी जो ये गुत्थी तो फिर करेंगे क्या
बदल ले रूप मगर मसअला रहे क़ायम

मिरे चराग़ ने मुझसे ये इल्तिजा क्यों की
दुआ करो कि हमेशा हवा रहे क़ायम

ज़रा सी देर हूँ महफ़िल में फिर तो जाना है
सो चाहता हूँ कि मेरा कहा रहे क़ायम

हमारे बाद भी सहरा में कोई हम सा हो
जुनूने-इश्क़ का ये क़ायदा रहे क़ायम

ग़ज़ल की नोक-पलक हम संवारते ही रहें
ख़ुदा करे कि यही मश्ग़ला रहे क़ायम

83

दुनिया तुझे इस वास्ते हासिल न हुआ मैं
अब तक किसी किरदार में दाख़िल न हुआ मैं

आसां हूँ बहुत, यूं भी तवज्जो से परे हूं
मुश्किल है यही मेरी कि मुश्किल न हुआ मैं

थे हद से ज़ियादा ही वहां आलिमो-फ़ाज़िल
अच्छा है कि उस बज़्म में शामिल न हुआ मैं

इक हसरते-दीदार थी पूरी न हो पायी
शायद तिरे मे'यार के क़ाबिल न हुआ मैं

मिट्टी के तसलसुल से मिरा जिस्म है मिट्टी
ख़ुश हूँ कभी इस बात से ग़ाफ़िल न हुआ मैं

अल्फ़ाज़ में नरमी है न आँखों में नमी है
सुनता हूँ कि पत्थर हूँ अभी दिल न हुआ मैं

धरती का सिरा आज तलक हाथ न आया
हूं मौजे-तलातुम कभी साहिल न हुआ मैं

84

चराग़ों की यहां कोई कमी नईं
मगर दिल में किसी के रौशनी नईं

बस इक जुमले से कटता है कलेजा
ज़रा से काम की ख़ातिर छुरी नईं

कहानी वो सुनाना चाहता हूं
कहीं काग़ज़ पे जो अबतक लिखी नईं

निभाना चाहता था सारे जग से
इसी कोशिश में ख़ुद से भी निभी नईं

ये मुमकिन है वो लौट आये पलटकर
ज़रा ठहरो अभी ही ख़ुदकुशी नईं

कभी हम दुश्मनों की सफ़ में आयें
मियां ऐसी भी अपनी दोस्ती नईं

बुलाने मौत आयी थी सरे-शाम
तिरी यादों ने छुट्टी मुझको दी नईं

85

मैं उसकी बात करता हूँ तो लहजा भीग जाता है
अगर ख़ामोश हो जाऊं तो, चेहरा भीग जाता है

सुनाकर दास्तां दिल की मैं आँखें पोंछ लेता हूं
कई दिन के लिये पर इक दुपट्टा भीग जाता है

उसे मजबूर होकर भेजना पड़ता है आहों को
किताबे-इश्क़ में जब कोई पन्ना भीग जाता है

यही दिन थे कि उससे मिल के कलियां खिलने लगती थीं
यही दिन हैं कि आँखों का किनारा भीग जाता है

हमीं सूरज की हर मेहनत पे पानी फेर देते हैं
हमारे रू-ब-रू होते ही सहरा भीग जाता है

मगर दुनिया समझती है कि ये शबनम की बूंदें हैं
शबे-ग़म तेरे अश्कों से सवेरा भीग जाता है

छतें कितनी भिगोयी होंगी तूने ऐ मिरे बादल
तुझे क्या इल्म कब इक बन्द कमरा भीग जाता है

मआनी तैरने लगते हैं आँखों के समन्दर में
मैं जब शिद्दत से पढ़ता हूँ सिपारा भीग जाता है

$\longrightarrow$

वो मुझसे पूछते हैं क्या नया है इस कहानी में
कोई मीरा तड़पती है तो कान्हा भीग जाता है

लिपटना उसका परदे से मिरा कहना ख़ुदा हाफ़िज़
उसी पल देखता हूँ सारा परदा भीग जाता है

मिरे माज़ी की अलमारी से कुछ ऐसे भी ख़त निकले
जिन्हें छू लूं नज़र भर तो लिफ़ाफ़ा भीग जाता है

86

दुनिया के दांव-पेच में उलझा हुआ बदन
हम हैं कहीं तो है कहीं रक्खा हुआ बदन

इक भूली याद सुब्ह की घर लौटी शाम को
काम आया आख़िरश यही टूटा हुआ बदन

दो-चार लफ़्ज़ में उसे कैसे समेटें हम
देखा है आज हमने वो बिखरा हुआ बदन

ऊंची इमारतों की बिना डालता रहा
ग़ुरबत के भारी बोझ से दुहरा हुआ बदन

गंगा में डुबकियों से अजी ख़ाक होगा पाक
दिन दूना रात चौगुना मैला हुआ बदन

एहसास जगमगाये ख़यालों के नूर से
देखा जो रात चांद का खिलता हुआ बदन

आंखों में तैरता रहा अश्कों के साथ-साथ
शब भर तिरा चराग़ सा जलता हुआ बदन

फूलों की तर्ह खिल के महकता था आये दिन
तुम क्या गये कि सूख के कांटा हुआ बदन

→

कल शब किसी फ़क़ीर को गाते हुए सुना
क़ीमत घटी ज़मीर की महंगा हुआ बदन

सूरज की तरह शाम तलक डूब जायेगा
देखा है तुमने सुब्ह जो उगता हुआ बदन

चाहत की नर्म छांव भी ठुकरा न दे कहीं
फ़ुर्क़त की तेज़ आंच में तपता हुआ बदन

87

बाग़ था कुछ पल में सहरा हो गया
आंधियों का फ़र्ज़ पूरा हो गया

ज़िंदगी का उस पे हमला हो गया
एक बच्चा पल में बूढ़ा हो गया

उसकी यादों से लड़ा तो रातभर
और फिर मैं तिनका-तिनका हो गया

रात ने करवट ज़रा ली उस तरफ़
खुल गयीं आँखें सवेरा हो गया

शुक्रिया सर, आपकी तनक़ीद का
क़द हमारा और ऊँचा हो गया

आप उसका क्या बिगाड़ेंगे मियां
जो सरे-बाज़ार नंगा हो गया

आँसुओं की सारी क़िस्तें चुक गयीं
बंद ख़्वाबों का दरीचा हो गया

बुझ गये आँखों के सब रौशन दिये
आज दिल का बंद कमरा हो गया

88

कौन आया है दिल की बस्ती में
पड़ गई है शिकन उदासी में

क़र्ज़ और फ़र्ज़ सब अदा करके
कौन लौटा है अपनी मिट्टी में

एक आँसू भी तोड़ सकता है
ग़म के सारे ग़ुरुर चुटकी में

कुछ न कुछ राज़ तो यक़ीनन हैं
एक नौज़ायदा की मुट्ठी में

आँसुओं के चराग़ रौशन थे
रात जलसा था दिल हवेली में

कल अमावस की शब थी और चमका
एक पूनम का चांद खिड़की में

क्या कोई हादसा हुआ है फिर
जश्न सा इक बपा है दिल्ली में

गर तिरी याद ही चराग़ां हैं
तो ग़नीमत है ऐसी आंधी में

ख़ामुशी कश्तियों पे ठहरी है
बह गये सारे शोर पानी में

89

ज़रा देर ठहरा न किरदार में
कोई खोट थी क्या अदाकार में

खुला भेद पहली ही बौछार में
कई दर निकल आये दीवार में

कहां फंस गये तीरो-तलवार में
ज़बां काम कर देगी इक वार में

रियासत ये हमसे संभलती नहीं
पलट आइये दिल के दरबार में

सभी पगड़ियां सख़्त मुश्किल में हैं
हवा आज रक़्सां है बाज़ार में

सलीक़े से आँखों ने खोली ज़बां
इज़ाफ़ा है ये ग़म के मे'यार में

मगर उस पे भारी पड़ा एक ऐब
कई ख़ूबियां थीं गुनहगार में

इबादत तो है अपने बस में मगर
मुहब्बत कहां अपने अधिकार में

→

इबादत, रियाज़त में आया मज़ा
मिरा काश घर होता हरिद्वार में

उसे भी उठा ले गयी मौत कल
अकेला बचा था वो परिवार में

मैं कहता हूँ सारे उसी के हैं दिन
वो उलझा है शनिवार इतवार में

90

चराग़े-लफ़्ज़ बहुत हो चुका पुराना क्या
हुआ है तुमसे मुख़ातिब नया ज़माना क्या

तिरा ख़याल दबे पांव आ गया दिल में
सो कर दूं आँखों से अश्कों को अब रवाना क्या

अभी ही आँसुओं आपे से हो गये बाहर
अमां ये इश्क़ के सौदे का है बयाना क्या

चले भी आओ कभी ख़्वाब के दरीचे में
यहां भी राह में दीवार है ज़माना क्या

ज़रा सा प्यार दिया और ख़ुश हुए सब लोग
हमारे पास था क़ारून का ख़ज़ाना क्या

जिन्हें है इश्क़ फ़क़त ईंट और भट्टों से
वो देख पायेंगे फ़स्लों का लहलहाना क्या

जो दिल में आग लगी हो तो रास आता है
फ़लक पे चांद सितारों का मुस्कुराना क्या

मिला भी सकती है तूफ़ां से हाथ, ऐ कश्ती
'वो नर्म रौ है नदी का मगर ठिकाना क्या'

$\longrightarrow$

उसे मैं अपनी शरीक़े हयात तो कर लूं
बताओ उसमें कोई फ़न है शायराना क्या

वो जिसके सारे किवाड़ों ने फेरा मुंह तुझसे
तमाम उम्र उसी दर को खटखटाना क्या

ये और बात कि नादान ऐसे दीखते हैं
जहां में उनसे बड़ा है कोई सयाना क्या

गली ही छोड़ दी उसकी तो हमने मुद्दत से
अरे हवाओ तुम्हारा है आना-जाना क्या

ज़बां तो वो है 'सिकन्दर' कि लोग जब पूछें
मियां हैं आप का भी लखनऊ घराना क्या

91

दिन भर तो हमने चांद की नाराज़गी सही
शब भर उदासियों की कड़ी धूप भी सही

आंखों में कुछ ज़बान पे कुछ और दिल में कुछ
मत ख़ाक में मिलाइये इज़्ज़त रही सही

ख़ुद चलके हमसे मिलने ख़ुशी आयी और फिर
चल छोड़ मेरी जान बयां फिर कभी सही

रक्खी लबों पे रोज़ तबस्सुम की इक परत
ज़िंदादिली से हमने तिरी बेरुख़ी सही

वो जा रहे हैं देखिये फूलों पे रखके पांव
इस पर कोई ग़ज़ल न सही शे'र ही सही

हाज़िर हूँ जी में आये तो फूलों से तोलिये
गर्दन पे रख दें आप छुरी तो छुरी सही

आओ तो आओ जाओ तो पूरी तरह से जाओ
जो होने वाला कल है मियां आज अभी सही

मैं मुतमइन हूँ इसने खिलाये बहुत से फूल
मेरी हथेलियों की ज़मीं खुरदरी सही

→

सांसों की आवा-जाही का आख़िर है क्या सबब
कुछ तो है बाक़ी, आख़िरी उम्मीद ही सही

पर क्या करूं यहां हैं कई और मसअले
माना कि मेरे इश्क़ में वो बावली सही

अश्कों का फ़र्ज़ बनता है आँखों की देखभाल
आँखों ने पहली झोंक अभी ख़्वाब की सही

हमने ही कह दिया है मुहब्बत को अलविदाअ
'अच्छा ये आप समझे हैं अच्छा यही सही'

92

बांधते शायरी में हो तिल को
क्या कोई रास आ गया दिल को

जानती हैं कि अब विदाई है
कश्तियां चूमती हैं साहिल को

काम सब हो गये मिरे आसां
कौन समझेगा मेरी मुश्किल को

पांव में आंख तो नहीं फिर भी
देखते हैं क़दम ये मंज़िल को

शाम है, मैं हूं, बन्द कमरा है
ढूंढते हैं चराग़ महफ़िल को

ग़म से इक उम्र के मरासिम हैं
तोड़ दूं कैसे मैं सलासिल को

देखकर रो पड़ा मिरी हालत
कौन सा ग़म है मेरे क़ातिल को

93

इक मुहब्बत का ख़ुदा चाहती है
मेरी उम्मीद भी क्या चाहती है

कोई मफ़हूम नया चाहती है
यानी तख़्लीक़ ग़िज़ा चाहती है

दिल पे छाया है बला का जादू
हमको भी एक बला चाहती है

कैसी पागल है मिरी नादानी
अम्न का फूल खिला चाहती है

अब तिरी याद को समझाये कौन
ज़ख़्म हर वक़्त हरा चाहती है

एक तहरीर हुई है पागल
ज़हन का ज़हन खुला चाहती है

एक मायूसी मिरी ग़ज़लों से
मुस्कुराने की अदा चाहती है

एक दुनिया कि पड़ी है पीछे
एक वो है कि वफ़ा चाहती है

→

एक चुप्पी है लबों पर क़ाबिज़
एक सिसकी है सदा चाहती है

एक हंगामा बपा है दिल में
इक उदासी है ख़ला चाहती है

इल्म हमको ये हुआ ले-दे कर
तीरगी सिर्फ़ बुरा चाहती है

मेरी तहज़ीब हया का पानी
सबकी आँखों में भरा चाहती है

कोई शय है जो बड़ी मुद्दत है
हमको तेरे भी सिवा चाहती है

कब से ख़ामोश तमन्ना उसकी
क्या कहा, मेरा पता चाहती है?

वो भी मिट्टी के बने होते हैं
'जिन चराग़ों को हवा चाहती है'

94

रौशन मेरे घर का कोना-कोना था
उस दिन सूरज पश्चिम ही से निकला था

उसके हिस्से में पाना था मेरा प्यार
और मिरे हिस्से में उसको खोना था

ऊब चुके थे दुनिया में रहते-रहते
चौबीसों घंटे का रोना-धोना था

और तो क्या हो पाता तेरी फ़ुर्क़त में
अपने चेहरे को अश्कों से धोना था

जिस दम उससे मेरी निस्बत होनी थी
अनहोनी को ऐन उसी पल होना था

हाल यही होना था गिरकर नज़रों से
अपना सर अपने कंधों पर ढोना था

देख के उसको और न कुछ देखे कोई
उसके चेहरे में क्या जादू टोना था

95

इश्क़ की बाती ऐसी बाती है
शख़्स को शख़्सियत बनाती है

फ़स्ल ख़्वाबों की लहलहाती है
ज़िंदगी तालियां बजाती है

रूह की झील तक पहुंचने में
जिस्म की नाव डूब जाती है

दायमी रंग है तसव्वुफ़ का
दिल-मुसव्विर को अक़्ल आती है

ज़ख़्म गिन लूं तो होश उड़ जाएँ
याद आ आके बरगलाती है

मैं उसी शाम का मुहाफ़िज़ हूं
धूप जिस दर पे सर झुकाती है

मुफ़लिसी में ज़मीर है ज़िंदा
बाक़ी दौलत तो आती-जाती है

खोखली नींव है मुहब्बत की
देखिये कैसे गुल खिलाती है

नक़्श तदबीर से बदलते हैं
और तक़दीर दुम हिलाती है

बात जब वस्ल की निकल आये
हिज्र की रात गुल मचाती है

एक चींटी पहाड़ पर चढ़कर
एक हाथी को मुंह चिढ़ाती है

एक दुनिया को छोड़ आया हूं
एक दुनिया मुझे बुलाती है

एक साहिल है सर उठाता है
एक किश्ती है डूब जाती है

कौन आया है किसकी दस्तक पर
चांदनी रात मुस्कुराती है

लोग कहते हैं तेरी सूरत भी
मेरी आँखों में जगमगाती है

दिल के ज़ख़्मों को फूल कर लेना
सिन्फ़ ये आते-आते आती है

नाम किसका है ख़ुश्क होंटों पर
तेरी आवाज़ थरथराती है

क्या कहा...शायरी से क्या हासिल ?
सोच का दायरा बढ़ाती है

अब तो शुहरत हो चाहे बदनामी
'इश्तिहारों के काम आती है'

ईंट-पत्थर की ये इमारत यार
रोज़ तन्हाइयां उगाती है

आज जो कुछ है उससे बदतर था
हमको पिछली सदी बताती है

96

बने-बनाये जो ढर्रे थे सारे तोड़ दिये
ग़ज़ल कही कि क़लम से सितारे तोड़ दिये

फिर उसके बाद नया ज़िंदगी ने मोड़ लिया
कि जब अज़ीज़ों ने सारे सहारे तोड़ दिये

उठी थी लह्र सुनामी की तरह दिल में कभी
उसी ने आँखों के दोनों किनारे तोड़ दिये

वो फूल-पत्ते कि जिनसे सजाना था दिल को
मकीने-दिल ने ही सारे के सारे तोड़ दिये

समाया फिर भी कहां तू हमारी ग़ज़लों में
तिरे बखान में सौ इस्तिआरे तोड़ दिये

खुले दिमाग़ से सोचा तो दिल ही बैठ गया
फ़िज़ूल ज़िद ने कई घर हमारे तोड़ दिये

97

धूप नहायी बारिश में
आग लगायी बारिश में

खेतों ने इक मुद्दत की
प्यास बुझायी बारिश में

सूरज गीला-गीला सा
दिया दिखायी बारिश में

भीगा दिल का काग़ज़ भी
एक तिहाई बारिश में

ख़्वाब की ख़्वाहिश थी लेकिन
नींद न आयी बारिश में

आंखों में उसका चेहरा
नज़्म कमायी बारिश में

98

रिश्ता बहाल काश फिर उसकी गली से हो
जी चाहता है इश्क़ दुबारा उसी से हो

अंजाम जो भी हो मुझे उसकी नहीं है फ़िक्र
आगाज़े-दास्ताने-सफ़र आप ही से हो

ख़्वाहिश है पहुंचूं इश्क़ के मैं उस मुक़ाम पर
जब उनका सामना मिरी दीवानगी से हो

कपड़ों की वज्ह से मुझे कमतर न आंकिये
अच्छा हो, मेरी जांच-परख शायरी से हो

अब मेरे सर पे सब को हँसाने का काम है
मैं चाहता हूँ काम ये संजीदगी से हो

दुनिया के सारे काम तो करना दिमाग़ से
लेकिन जब इश्क़ हो तो 'सिकन्दर' वो जी से हो

99

लफ़्ज़ों से तस्वीर के फ़न में माहिर था मैं
कहते हैं कुछ लोग कि पहले साहिर था मैं

आंखों की बुनियाद हिला डाली अश्कों ने
तेरी याद ने दस्तक दी और हाज़िर था मैं

तुमसे मिलकर मुझमें इबादत जाग पड़ी है
जानां, अबसे पहले सचमुच काफ़िर था मैं

सबके दिल की बात ग़ज़ल में कह देता था
मेरी बयाज़ें देखो ऐसा शाइर था मैं

मैं चुप रहता, बोला करती थीं तस्वीरें
अपनी धुन में डूबा एक मुसव्विर था मैं

हाज़िर नाज़िर मान के उसको सच कहता हूं
यार गली में अपने दिल का मुख़बिर था मैं

ख़त्म हुए हैं मेरे बाद अफ़साने सारे
अव्वल-अव्वल तुम ही थे पर आख़िर था मैं

मेरे नक़्श नहीं मिलते हैं आज कहीं पर
दिन ही कितने बीते हैं जब ज़ाहिर था मैं

100

बन्द दरवाज़े खुले रूह में दाख़िल हुआ मैं
चन्द सज्दों से तिरी ज़ात में शामिल हुआ मैं

खींच लायी है मुहब्बत तिरे दर पर मुझको
इतनी आसानी से वर्ना किसे हासिल हुआ मैं

मुद्दतों आँखें वज़ू करती रहीं अश्कों से
तब कहीं जाके तिरी दीद के क़ाबिल हुआ मैं

जब तिरे पांव की आहट मिरी जानिब आयी
सर से पा तक मुझे उस वक़्त लगा दिल हुआ मैं

जब मैं आया था जहां में तो बहुत आलिम था
जितनी तालीम मिली उतना ही जाहिल हुआ मैं

फूल से ज़ख़्म की ख़ुशबू से मुअत्तर ग़ज़लें
लुत्फ़ देने लगीं और दर्द से ग़ाफ़िल हुआ मैं

मोजिज़े इश्क़ दिखाता है 'सिकन्दर साहब'
चोट तो उसको लगी देखिये चोटिल हुआ मैं